HEYNE <

W0049226

Anke Reimann

Neue Fingerspiele

Noch mehr Zeigespiele, Abzählreime
und Schabernack für Babys,
Kleinkinder und Schulkinder

WILHELM HEYNE VERLAG · MÜNCHEN

FSC
Mix
Produktgruppe aus vorbildlich
bewirtschafteten Wäldern und
anderen kontrollierten Herkünften

Zert.-Nr. SGS-COC-1940
www.fsc.org
© 1996 Forest Stewardship Council

Verlagsgruppe Random House FSC-DEU-0100
Das für dieses Buch verwendete FSC-zertifizierte Papier
Holmen Book Cream liefert Holmen Paper, Hallstavik, Schweden.

Originalausgabe 03/2010

Copyright © 2010 by Wilhelm Heyne Verlag, München,
in der Verlagsgruppe Random House GmbH
Illustrationen: © Anke Reimann
Redaktion: Katy Albrecht
Umschlaggestaltung: Eisele Grafik-Design, München
Satz: Christine Roithner Verlagsservice, Breitenaich
Druck und Bindung: GGP Media GmbH, Pößneck
Printed in Germany 2010

ISBN: 978-3-453-68544-4

www.heyne.de

Inhalt

Vorwort

Wild wachsende Fingerspiele

An manch einem Sonntagmorgen liegen wir schon mal zu zehnt im Bett: Da sind wir – Vater, Mutter und Kind sowie Schlomps, Momps und Pomps, Atombohrer, Greifer, Wuppdi und Wolke. Wahlweise. Wenn Söhnchen ruft: »Atombohrer!« Dann kommt der Atombohrer. Papas unerbittlicher Zeigefinger von oben mit tiefen, immer lauter werdenden Dröhngeräuschen, immer näher auf das entzückt kreischende Kind zu. Aber wirklich gefährlich ist Atombohrer nicht, er verschluckt sich oft, und manchmal muss er spucken, worüber das Kind und sein Papa mächtig lachen können. Wolke ist sanfter. Sie besteht aus zwei Fingern, ein kleines, lebhaftes Viktoryzeichen mit hoher Stimme. Wuppdi, hakenförmiger Zeigefinger, das »X« im Fingeralphabet, ist der beste Gesprächspartner, denn er kennt gute Witze. Greifer, die ganze Hand, ist das was er zu sein scheint, ein wüster Kneifer, gegen den man im Ringkampf gewinnen muss, der aber in Wirklichkeit viel empfindlicher ist als das Kind und bei der kleinsten Kitzelattacke quiekend die Flucht ergreift. Schlomps, Momps und Pomps sind dreiköpfige Drachen. Zeige-, Mittel- und Ringfinger sind die Köpfe, Daumen und kleiner Finger sind die Beine. Schlomps ist der Babydrache. Momps und Pomps sind Mama- und Papadrachen.

Ihnen wird alles gezeigt, was es auf der Welt zu sehen gibt. Zum Beispiel auf langen Autofahrten. Dann ruft es aus dem Kindersitz von hinten: »Schlomps! Guck mal dort!« Dann guckt Mamas Hand, die in solchen Fällen für den Schlomps zuständig ist, mit drei Fingern aus dem Autofenster.

Im umgekehrten Fall, wenn sich auf der Rückbank Unruhe breitmacht, hat die Drachenfamilie schon so manche Fahrkrise überwunden und die gute Laune wiederhergestellt.

Es war auch einmal ein Kunsthandwerkermarkt im hiesigen Schloss. Einer der Handwerker arbeitete mit einer extra ausgetüftelten Laubsäge-Maschine, um raffinierte, ausklappbare Holzburgen herzustellen. Wir verbrachten Stunden vor dieser Maschine, während der Mann unermüdlich weiterarbeitete.

Zuerst musste sich unser kleiner Sohn alles genau angucken. Er ließ sich jedes einzelne Teil der Maschine von uns bis ins Detail erklären. Dann sollte sich Atombohrer alles ebenso gründlich angucken. »Nee, lieber nicht«, sagte der Vater. »Oh bitte!«, rief das Kind und machte Scheinwerferaugen. Ergeben hob Papa den ausgestreckten Zeigefinger in Richtung der Maschine, wo der Handwerker grinsend seine zweihundertste Burg aus dem Holz sägte. Atombohrer sah sich die Maschine genau an und Söhnchen erklärte ihm jedes einzelne Teil. Als es damit fertig war, rief es: »Wuppdi!« Der Vater stöhnte. Aber was Atombohrer durfte, sollte auch Wuppdi dürfen. Und auch Wuppdi sah sich die Maschine genau an und bekam von unserem Kind alles bis ins Detail erklärt. Danach waren Greifer und Wolke an der Reihe. Mama saß grinsend daneben. Es war ja nicht ihr Problem. »Schlomps!«, rief das Kind. »Nee, lieber nicht«, sagte die Mutter. »Oh bitte!«, rief das Kind und machte Scheinwerferaugen! Schon hob sich Mamas rechte Hand wie von allein, und drei ihrer Finger guckten sich die Maschine genau an und bekamen jedes einzelne Teil erklärt. So war das und so entsteht Wildwuchs auf dem Fingerspielsektor.

Und genau das will dieses Buch auch. Zunächst aber bekommen Sie alle verfügbaren neuen Reime und Fingerspiele geordnet und aufbereitet an die Hand und dann können Sie damit selbst variieren, kombinieren, improvisieren.

Ich wünsche Ihnen viel Vergnügen!

Anke Reimann

Kapitel 1

Einleitung

Die Klassiker der Fingerspiele, wie zum Beispiel: »Das ist der Daumen, der schüttelt die Pflaumen« wurden bereits in vielen Büchern vorgestellt. Dieses Buch setzt die Sammlung mit bisher weniger Bekanntem und ganz Unbekanntem fort. Neue Fingerspiele sind für Überraschungen gut. Und: Kinder lieben den Schabernack. In Zeiten gemeinsamer Muße reimen und witzeln wir herum, trösten und necken. Für Eltern, Großeltern und Erzieher gibt es keinen schöneren Lohn als das Lachen der Kinder.

Jeder von uns – auch Sie – hat seine eigene Schauspieltruppe immer dabei: Fünf Finger an jeder Hand. Die kleinen sind die Harlekine, Daumen ist der Stärkste. Alle sind ausdrucksstark und wandlungsfähig. Dieses Buch ist ein Rollenbuch für kurze und lange Finger. Nehmen Sie es als Fundus für Ihre eigene kleine, stets bereite Schauspieltruppe.

Einteilung

Die Neuen Fingerspiele sind je nach Art ihrer Verwendung in Kapitel eingeteilt. Es gibt Spiele zum Schmusen, Zählspiele, gruppentaugliche Aktionsspiele, kleine Geschichten und das Theater der Hände. Letzteres zählt zu den Besonderheiten dieses Buches, ebenso wie die mundartlichen Verse und solche, die mit Elementen der Gebärdensprache versehen sind.

Verse in Mundart

Bei den Mundarten macht es Spaß mit Sprache zu spielen, den anderen Klang zu erforschen und ein wenig darüber zu lernen, wie zum Beispiel die Urgroßeltern in den verschiedenen Regionen gesprochen haben, wie sehr sich Sprachen verändern können und dennoch vertraut sind.

Gebärdensprache

Die Gebärdensprache ist eine Sprache, mit der sich Hörende nur selten auseinandersetzen und doch ist sie ein Teil unseres Alltags. Es sind, wie Gebärdensprachdolmetscherin Karin Kestner schätzt, immerhin rund 400 000 Gehörlose, Schwerhörige und deren Angehörige in Deutschland, die als Kommunikationsmittel die Gebärdensprache nutzen. Lange wurde um die Anerkennung dieser Sprache gerungen. Dank vieler Volkshochschulkurse in Deutscher Gebärdensprache gibt es immer mehr Hörende, die sich auch mit Gebärden ausdrücken können und damit weitere Brücken zwischen der Welt der Hörenden und der Welt der Gehörlosen bilden. Wer einige dieser Gebärden kennt, hat vielleicht Lust, noch mehr darüber zu erfahren. Vielleicht ergeben sich daraus auch Kontakte zu Gehörlosen, die sich weniger isoliert fühlten, würde jeder ein wenig die Gebärdensprache beherrschen. Die Gebärdensprachdolmetscherin Karin Kestner hat Gebärden für die Verse in diesem Buch zur Verfügung gestellt. Wer sie ausprobiert, wird merken, wie ausdrucksstark und harmonisch diese Bewegungen sind und wie leicht und verständlich sie für Kinder sein können.

Theater der Hände

Im Kapitel Theater der Hände finden Sie ein poetisches Stück, ganz neu und leicht nachzuspielen. Erschaffen hat es die Braunschweiger Puppenspielerin Anke Berger. Es ist Figurentheater mit einfachsten Mitteln, das Kinder und Eltern anregen soll, es selbst auszuprobieren und das zum bewussten Umgang mit den eigenen Händen und deren Fähigkeiten beiträgt. Es ist ein Spiel der Verwandlungen, auf kleinstem Raum werden ganze Welten lebendig.

Kapitel 2

Spiele zum Schmusen

Plappern Sie, streicheln und kitzeln Sie Ihr Kind, denn nicht nur Babys, auch die Größeren mögen das.

Peter, Peter Pustewind

Peter, Peter Pustewind
huscht herbei ganz windgeschwind.
Peter, Peter Pustewind
mit Zärtlichkeit sein Spiel beginnt.
Peter, Peter Pustewind
kitzelt sanft mein Babykind.
Peter, Peter Pustewind
streichelt sacht und leise lind.
Peter, Peter Pustewind
küsst ganz zart mein Babykind.

Dem Kind übers Bäuchlein streicheln und pusten und es am Schluss küssen. Statt »Babykind« können Sie auch den Namen oder Kosenamen, beispielsweise »Lisakind« oder »Paulekind« einsetzen.

So wirst du geweckt

Kommt ein kleiner Hoppelhase:
»Guten Morgen, liebe Nase!
Schnupperst du schon?«
Kommt ein kleiner bunter Hund:
»Guten Morgen, lieber Mund!
Plapperst du schon?«
Und ein Spätzlein hüpft hervor,
zwitschert leise in dein Ohr.
Hörst du's schon?
Sonnenlichtstrahl lässt sich nieder,
kitzelt deine Augenlider.
Guckst du schon?
Ich streichel' Händchen, Arme, Bauch,
Beine, Füßchen, Zehen auch.
Schwups, da hast du kurz gelacht!
Schwups, da bist du aufgewacht!

*Das Kind leicht an Nase, Mund, Ohren und Augen kitzeln,
danach überall, so wie im Vers beschrieben.*

Baggerfahren

Ein Bagger fährt den Berg hinauf.
Er brummt, er schnauft, er gibt nicht auf.
Wie eine Raupe kriecht er hoch.
Er gibt nicht auf, er schafft es doch.
Geschafft! Hurra! Jetzt fährt er vor
und kitzelt dich am Ohr.

*Die Faust fährt mit ausgestrecktem Zeigefinger langsam den
Arm des Kindes hoch. Wenn es steiler wird, muss er sich
Stück für Stück mit dem Zeigefinger hochziehen. Zum Schluss
das Kind kitzeln.*

Die Rückenschnecke

Im Schneckenhaus ganz innen drin,
da schläft die Schnecke Ann-Kathrin.
Jetzt wacht sie auf und kriecht heraus.
Sie kriecht bis oben hin
die Schnecke Ann-Kathrin.
Sie schaut sich um,
kriecht rundherum,
und sagt: »Bei diesem Wetter
da ist's im Bett viel netter.«
Stück für Stück kriecht sie zurück,
legt sich dann drin zur Ruh
und sperrt die Haustür zu.

*Diese Geschichte wird auf dem Rücken des Kindes gemalt.
Das Schneckenhaus wird von innen nach außen auf den un-
teren Teil des Rückens gemalt. Wacht die Schnecke auf, mit*

*den Fingern auf der Stelle klopfen und dann loskriechen,
langsam, rechts und links der Wirbelsäule aufwärts. Im Na-
ckenbereich rundherumkrabbeln, dann zurück nach unten,
die Spirale wieder von außen nach innen malen und mit einer
Drehbewegung die Tür zusperren.*

Tip tip tip

Tip, tip, tip auf dem Computer
schreib ein Briefchen an den Bruder
Welcher Finger setzt den Punkt?

*Es ist ein Ratespiel: Mit allen zehn Fingern auf dem Rü-
cken des Kindes herumtippen und mit einem der zehn Finger
den letzten Punkt setzen. Danach dreht sich das Kind um, der
Schreiber zeigt ihm seine Finger, und das Kind muss erraten,
welcher davon den letzten Punkt gemacht hat.*

Fünf kleine Vögel

Fünf kleine Vögel sitzen im Nest und schreien:
»Piep! Piep! Piep!«
Da kommen Vater und Mutter
und bringen das Futter.
Sie haben sich alle lieb.

*Das Kind soll seine Hand mit der Handfläche nach oben
halten und mit den Fingern wackeln. Der Erwachsene kommt
mit seiner Hand geflogen und zupft an jedem der kleinen
Finger. Zum Schluss umschließt er sie zärtlich mit seinen
Händen und setzt ein Küsschen obenauf.*

Die ängstliche Schnecke

In unserem Garten kriecht die Schnecke,
langsam kommt sie nur vom Flecke.
Sie hat die Fühler ausgestreckt.
Huch! Jetzt hat sie mich entdeckt!
Schnell zieht sie ihre Fühler ein
und kriecht ins Schneckenhaus hinein.

Die Hand zur Faust machen, Zeige- und Mittelfinger ausstre-
cken, langsam über Arm oder Bäuchlein des Kindes krie-
chen. Aufmerken, erschrecken und die Fühler wieder zur
Faust einziehen, die Hand ruhig liegen lassen. Ein sehr ge-
mütliches Spiel.

Wo wohnt Mutter Töpperken?

Wo wohnt Mutter Töpperken?
Eine Treppe höher!
Wohnt hier Mutter Töpperken?
Eine Treppe höher!
Wohnt hier Mutter Töpperken?
Ja, hier wohnt Mutter Töpperken!
Soll ich klingeln oder klopfen?
Kind: Klingeln / Klopfen!
Klingeling / Klopfklopf!
Guten Tag, Mutter Töpperken!

Mit den Fingern langsam den Arm des Kindes hinaufklettern. Auf halber Strecke nach Mutter Töpperken fragen und dann weiterklettern. Bei »Klingeln« am Ohrläppchen zupfen oder bei »Klopfen« vorsichtig an die Stirn des Kindes klopfen. Bei »Guten Tag« die Hand des Kindes schütteln.

Kleine Lerche

Kleine Lerche, liebe kleine Lerche
kleine Lerche, wart, ich zupfe dich!

Am Köpflein zupf ich dich,
am Köpflein zupf ich dich,
am Köpflein, am Köpflein. Ah!

Am Hälslein zupf ich dich,
am Hälslein zupf ich dich, …

Am Schnäblein zupf ich dich,
am Schnäblein zupf ich dich, …

Am Rücken …
Am Flügel …
Am Füßlein …

Das Alouette-Lied, Melodie auch für »Kleine Lerche«

Ein Streichel- und Kitzelvers aus Kanada, der nach der Melodie des hierzulande bekannten Liedes von der kleinen Alouette gesungen wird. Wo leicht gezupft oder gestreichelt werden soll, erklärt das Lied (siehe Seite 22 unten).

Die Wi-Wa-Wackelgans

Es geht die Wi-Wa-Wackelgans
und wackelt mit dem Wackelschwanz.
Mit dem Schnabel kann sie schnattern.
Mit den Flügeln kann sie flattern.
Schwimmen kann sie durch den Graben.
Ei, die Gans, die möchte ich haben.

Mit beiden Händen zum Kind hinwatscheln, dann die Handflächen gegeneinanderlegen wie beim Klatschen und wackeln. Die aneinandergelegten Hände um 90 Grad drehen, so dass eine auf der anderen liegt wie bei einem Krokodilmaul und diesen »Schnabel« auf und zu klappen. Dann die Daumen ineinander verhaken und die anderen Finger wie Flügel bewegen. Danach die Flügel nach unten klappen und als Schwimmbeine vorwärts wackeln lassen. Zum Schluss das Kind zärtlich in die Arme nehmen.

Nasenhasenkuss

Gibt dir ein Hase einen Kuss,
ist das ein Hasenkuss.
Küsst dich der Hase auf die Nase,
ist das ein Nasenhasenkuss.

Und küsst er dich klitschnass, ist das
ein nasser Nasenhasenkuss.
Und küsst er dich wie 'ne Turbine
ist's eine Nasenhasenkussmaschine.

*Mit Zeige- und Mittelfinger einer Hand Hasenohren machen,
Daumen ist die Hasennase. Den Hasen das Kind vorsichtig
küssen lassen. Erst auf die Wange, dann auf die Nase, bei
»nass« mit Schlabber- und Schmatzgeräuschen. Zum Schluss
ganz schnell und überall.*

Pumpernickel

Ich bin ein kleiner Pumpernickel,
ich bin ein kleiner Bär,
und wie mich Gott erschaffen hat,
so zottel ich daher.

*Die Faust mit ausgestrecktem Daumen zum Kind hin stapfen
lassen.*

Fensterli zu

Fensterli zu	Türe zu
Lädeli zu	abschließen!

Ein Vers zum Einschlafen. Augen mit dem Zeigefinger sanft zudrücken, die Ohren kurz nach vorne klappen. Finger auf den Mund legen oder Lippen kurz zusammenhalten, zum Schluss an der Nase drehen.

Viele Kätzchen

Eine Katze steigt aufs Dach.
Eine andere folgt ihr nach.
Kommen viele kleine Kätzchen
mit den weichen Sammettätzchen,
machen einen großen Krach!
Jababba! Jabbaba! Jababba-ba!
Kommt der Katzen-Großpapa:
»Kinderchen, was macht ihr da?«
Kätzchen kriegen einen Schreck.
Schwupp – schon laufen alle weg.

Zuerst steigt die erste Katze, Finger über Finger, den Arm des Kindes hoch bis auf den Kopf. Dann steigt die zweite Katze, Finger über Finger, den anderen Arm des Kindes hinauf. Danach mit allen Fingern erst den einen, dann den anderen Arm des Kindes hinaufklettern. Alle Finger auf dem Kopf herumhüpfen lassen. Großpapa steigt langsam – wieder Finger für Finger – auf. Alle Finger auf dem Kopf tanzen und halten plötzlich still. Dann mit allen Fingern schnell wieder beide Arme hinunterkrabbeln.

Kapitel 3

Zeigespiele

Zeigespiele sind für kleinere Kinder gut geeignet, die gerade ihren Körper kennenlernen. Sie finden Geschichten an jeder Hand, hören neue, lustige Namen, die ihre Finger haben können und einige von ihnen denken sich sogar eigene Geschichten aus.

Das Orchester

Der Zeigefinger zeigt.
Der Mittelfinger geigt.
Ringfinger bläst die Flöte.
Der Kleinste spielt Trompete.
Und Daumen, der Rabauke
haut kräftig auf die Pauke.

Die einzelnen Finger berühren und dann mit dem Daumen kräftig auf den Tisch klopfen.

Dieses kleine Schwein

Dieses kleine Schwein ging zum Markt.
Dieses kleine Schwein blieb daheim.
Dieses kleine Schwein aß den Braten.
Dieses kleine Schwein nahm sich frei.
Dieses kleine Schwein fing an zu schrein:
ich bin so allein!

Nacheinander die einzelnen Finger
berühren und einklappen. Nur der
Kleine bleibt stehen, wackelt und
schreit. Daraufhin sich alle anderen
Finger wieder aufrichten.

Finger auf Reisen

Alle Finger meiner Hand gehen auf die Reise.
Der Daumen fährt nach Australien,
der Zeigefinger nach Italien.
Der Mittelfinger fährt nach Afrika,
Ringfinger fährt nach Panama.
Der kleine Finger fährt zum Nil,
dort trifft er ein Krokodil,
davon bekommt er einen Schreck
und sucht sich ganz schnell ein Versteck.

Die Finger berühren.
Dann alle zur Faust
ballen und in der
anderen Hand verstecken.

Šitas pirštukas

Šitas pirštukas nori miegelio –
Dieses Fingerchen möchte schlafen,
Šitas – atsigulė jau į lovelę,
und dieses liegt schon im Bett ganz brav.
Šiam pirštukui akys merkias,
dem Fingerchen fallen die Augen schon zu.
Šis pirštukas miega, knarkia,
Und dieses Fingerchen schnarcht wie du.
Šsss ... Tu, mažyli būk tylus,
Pscht, Kleiner, musst ganz leise sein!
Nes gali pažadinti broliukus,
sonst weckst du die Brüderlein.

*Ein Sprüchlein aus Litauen. Die Finger werden einzeln an-
gefasst und sacht zur Faust gebeugt. Nur der Kleine bleibt
zum Schluss stehen und wird gestreichelt.*

Im Prater

Meine kleinen Fingerlein
wollen in den Prater gehen.
Der Daumen, dieser dicke Mann,
der fährt gleich mit der Grottenbahn.
Der Zeigefinger keck und munter,
der schaut vom Riesenrad herunter.
Der Mittelfinger ruft: »Hurra!
Die Hochschaubahn ist auch schon da!«
Der Ringfinger, der sagt nicht viel
und setzt sich gleich aufs Ringelspiel.

Der Kleine sagt: »Vom ganzen Prater,
ist mir am liebsten das Kasperltheater.«

Die einzelnen Finger berühren oder mit ihnen wackeln.

Fleißige Finger

Alle meine Fingerlein
wollen heute fleißig sein.
Der Daumen ist der Bäcker,
sein Kuchen schmeckt sehr lecker.
Der Zeigefinger Bauersmann,
der Kühe richtig melken kann.
Der Mittelfinger Astronaut,
der immer in die Sterne schaut.
Ringfingerlein setzt Stein auf Stein,
das kann ja nur ein Maurer sein.
Der letzte Finger ruft: »Oh nein!
Zum Arbeiten bin ich zu klein!«

*Die Finger nacheinander berühren oder aus der Faust hoch-
strecken.*

Tierversteck

Meine Hand ist eine Wand.
Dahinter sitzen gut versteckt
fünf Tiere gar nicht klein.
Wer leise ist, sie bald entdeckt,
dem zeigen sie sich fein.

Zuerst kommt: »wuff«, der dicke Hund,
sein Bauch ist kugelrund.
Dann kommt »gack gaahk«, das dünne Huhn,
hat heut nicht viel zu tun.
Hier ist »klippklapp«, ein langer Storch,
fliegt auf das Dach und horcht.
Nun kommt »mäh, mäh«, die graue Ziege,
fängt mit der Zunge eine Fliege.
Zuletzt kommt »piep«, die kleine Maus
aus dem Versteck heraus.
Nun siehst du alle fünfe sitzen,
und rufst du »Buh!«, siehst du sie flitzen.
Mit diesem einen Wort
sind alle wieder fort.

Eine Hand als Wand quer halten, die Faust der anderen dahinter verstecken. Dann die Finger mit jedem Tier nacheinander nach oben klappen. Daumen ist der Hund, der kleinste Finger ist die Maus. Bei »Buh!« mit allen fünf Fingern in der Luft hin und her zappeln, bei »fort« zur Faust ballen und schnell wieder hinter der Wand verstecken.

Zehn im Haus Guckheraus *(nach Achim von Arnim)*

Ich heiße Wiesenliese.
Sausewind heißt mein Kind.
Kegelbahn heißt mein Mann.
Gute Muh heißt meine Kuh
und Tschilptschalp das Kalb.

Schmortöpflein heißt mein Schwein.
Höllenschlund heißt mein Hund.
Sammettatz heißt meine Katz.
Hüpfinsstroh heißt mein Floh.
Bibberlein heißt mein Hühnchen.

Die Namen an allen zehn Fingern abzählen. Dies ist ein kleiner Auszug aus einem Gedicht von Achim von Arnim: »Alles, was mein ist«, das wiederum entstanden ist aus einer langen Reihe von Volksreimen und Geschichten. Eine bekannte Variante ist das Kinderlied »Widewidewenne heißt meine Puthenne«.

Daumen und die anderen

Das ist der Daumen Knuddeldick,
das sieht man auf den ersten Blick.
Und macht das Kind ein Fäustchen,
kriecht Knuddeldick ins Häuschen.

Der Zeigefinger, der ist klug.
Er droht, wenn jemand Böses tut,
bringt unser Kind zum Lachen
beim »killekille«-machen.

Der Dritte ist der größte hier,
viel länger als die andern vier.
Da kann er schön bewachen,
was seine Brüder machen.

Der Vierte ist ein eitles Ding,
der trägt am liebsten einen Ring,
und schmückt er sich zum Feste,
denkt er, er wär der beste.

Von allen Fingern kommt zum Schluss
der winzig kleine Pfiffikus,
der wedelt mit dem Schwänzchen
beim frohen Fingertänzchen.

Die einzelnen Finger zeigen und die Bewegungen nachmachen: Daumen in die Faust, Zeigefinger droht und kitzelt, den Mittelfinger antippen, beim Ringfinger die Geste des Ringaufsteckens zeigen und mit dem kleinen Finger fröhlich wackeln.

Piratenschiff

Meine Hand ist ein Piratenschiff
und segelt übers Meer.
Fünf Piraten segeln mit,
nun sag mir, wer ist wer?
Kapitän Knallschote heißt der Mittelfinger.
Schnipspopel Paul ist der Zeiger.
Närrischer Nick ist der mit dem Ring.
Der Kleinste ist das Stummelchen.
Der Daumen, der heißt Pummelchen.
So segeln sie über das Meer.

Die Hand ausstrecken und über Wellen fahren lassen. Dann an den jeweiligen Fingern zupfen. Danach die Hand wieder über Wellen davonfahren lassen.

Pietiededdu bekommt nichts
(Fingerreim aus Sardinien)

Cust'e' su babbu.
Das ist der Vater.
Cust'e'su fizzu.
Das ist der Sohn.
Cust'e'su porcu.
Das ist das Schwein.
Cust'e'su chi d'a mortu.
Das ist der, der es geschlachtet hat.
Impari si danti pappau.
Zusammen haben sie es aufgegessen.
E a su pietiededdu non die d'anti donau.
Und dem Pietiededdu *(dem Kleinen)*
haben sie nichts abgegeben.

Die Finger nacheinander berühren.

Kapitel 4

Zählspiele und Abzählspiele

Mit Stolz zählen Kindergartenkinder bis zehn oder sogar schon bis einhundert. Und wie unsere Vorfahren benutzen sie dafür zuerst ihre Finger und ihre Zehen. So werden sie später auch rechnen lernen. In den Märchen und Geschichten, die wir ihnen vorlesen, kommen immer wieder Zahlen vor: drei Brüder, sieben Raben, zwölf Schwäne. Die Kinder entwickeln nun eine erste Vorstellung davon, ob etwas viel oder wenig ist, oder auch wie viele Tage die Woche hat und dass jeder Tag seinen eigenen Namen trägt. Mit Hilfe von Zahlen orientieren sie sich in der Zeit und bald auch im Raum. Fingerspiele sind hierfür eine phantasievolle Vor-übung.

In diesem Kapitel wird also gezählt, was das Zeug hält, vor-wärts, rückwärts, englisch, italienisch, türkisch, mal albern, mal ernst. Ein paar launige Abzählverse runden diesen Teil des Buches ab.

Fünf Ritter

Fünf Ritter, die noch im Bette liegen,
wollen den bösen Drachen besiegen.
Der erste Ritter traut sich nicht.
Der zweite zittert fürchterlich.

Der dritte kriecht schnell unters Kissen.
Der vierte will von gar nichts wissen.
Der fünfte Ritter aber spricht:
»Alleine, Leute, geh ich nicht!«
So reiten kurz darauf
fünf Ritter den Berg hinauf.
Der Drache aber war aus Gips,
fiel um beim kleinsten Lanzen-Stips.

*Die einzelnen Finger berühren. Als Drache die Faust auf
den Unterarm stellen und mit dem kleinsten Finger zum Um-
fallen bringen.*

Der Nachtschelm und das Siebenschwein
(nach Christian Morgenstern)

Der Nachtschelm und das Siebenschwein
die gingen eine Ehe ein
o wehe!
Sie hatten dreizehn Kinder und
davon war eins ein Schluchtenhund
zwei andere waren Rehe.

Das vierte war die Rabenmaus,
das fünfte war ein Schneck samt Haus,
o Wunder!
das sechste war ein Käuzelein,
das siebte war ein Siebenschwein
und lebte in Burgunder.

Acht war ein Gürteltier nebst Gurt,
neun sang ein Lied bei der Geburt,
o wehe:
der zehnte Finger ist erreicht,
und dreizehn Kinder zählst du gleich
mit Hilfe mancher Zehe.

Neun war ein Flügeltier samt Ei,
zehn war ein zahmer Papagei,
weg mit dem Strumpf!
Elf war ein Huhn, zwölf war ein Bär,
und dreizehn war ein Locktauber,
der gurrt des Nachts im Sumpf.

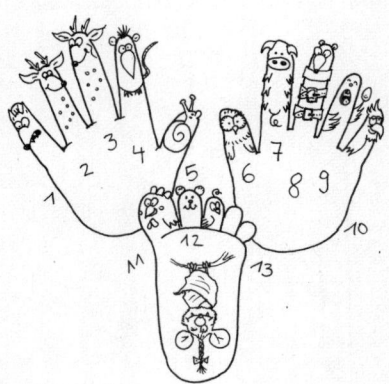

Zählspiel nach Christian Morgenstern. Die einzelnen Finger und Zehen werden dabei berührt (zwischendurch den Strumpf ausziehen).

Fünf Räuber

Fünf Räuber jagt die Polizei,
rennt hin, rennt her, fängt einen ein.
Vier Räuber jagt die Polizei,
rennt hin, rennt her, fängt einen ein.
Drei Räuber jagt die Polizei,
rennt hin, rennt her, fängt einen ein.
Zwei Räuber jagt die Polizei,
rennt hin, rennt her, fängt einen ein.
Ein Räuber flitzt in sein Versteck,
da sind auf einmal alle weg.

Das ist ein sehr schwieriges Spiel. Eine Physiotherapeutin hat es mir unter Gelächter vorgeführt: Am Anfang ist die rechte Hand eine Pistole, links sind die fünf Räuber und werden nach links gejagt, doch dann wird gewechselt – aus der linken Hand wird die Pistole, die die fünf Räuber nach rechts jagt. Dort wird wieder gewechselt – rechte Pistole jagt linke Hand, nur dass es jetzt nur noch vier Räuber sind. Durch den Wechsel von rechts und links und das Verschwinden der Räuber gerät man schnell durcheinander und die Finger wollen einem gar nicht mehr gehorchen. Es ist ein echtes Geschicklichkeitsspiel.

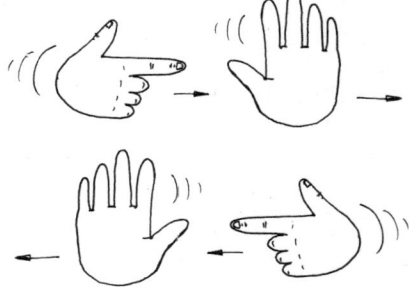

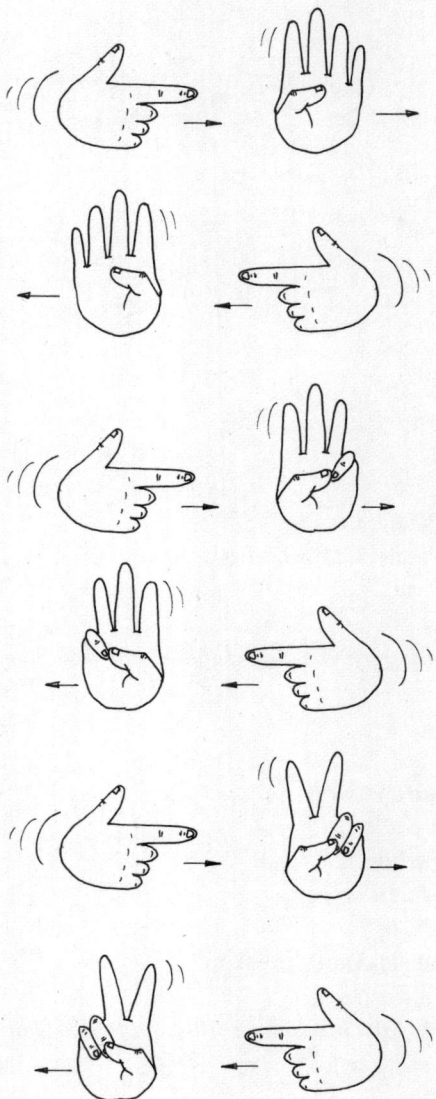

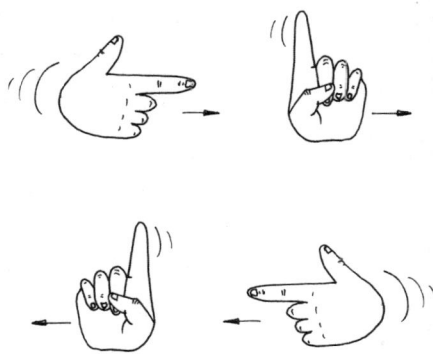

Uno, due, tre

Uno, due, tre
Risotto, Patate, Caffé,
Risotto, Patate, Caffé, Caffé,
Uno, due, tre.

*Mit den Fingern bis drei zählen, ein bisschen italienisch
lernen.*

Holle holle hösch

Holle holle hösch
am Ufer sitzen Frösch,
1, 2, 3, 4, 5, 6, 7 …
ja, wo sind sie denn geblieben?

*Mit den Fingern bis sieben zählen, dann die Hände hinterm
Rücken verstecken.*

Der Mäusebus

Der Bus fährt blitzeschnelle
zur Mäusehaltestelle.
Die erste Maus steigt ein.
Die zweite Maus steigt ein.
Die dritte Maus steigt ein.
Die vierte Maus steigt ein.
Die fünfte Maus steigt ein.

Der Bus fährt blitzeschnelle
zur nächsten Haltestelle.
Die erste Maus steigt aus.
Die zweite Maus steigt aus.
Die dritte Maus steigt aus.
Die vierte Maus steigt aus.
Die fünfte Maus steigt aus.
Das Märchen ist nun aus.

In der ersten Strophe werden die Finger nach und nach zur
Faust geschlossen. Die Faust durch die Gegend flitzen las-
sen. In der zweiten Strophe richten sich die Finger, einer
nach dem anderen, wieder auf.

Süßer Brei

Der erste holt den Topf.
Der zweite holt die Milch.
Der dritte holt den Zucker.
Der vierte holt das Ei.
Und der kleine Minimann
verputzt den süßen Brei.

*Eine Hand ist die Schale. Die Finger der anderen bringen
die Zutaten. Sie rühren gemeinsam um, zum Schluss mit dem
kleinen Finger wackeln und aus der Schale futtern lassen.*

Fünf Weihnachtsengel

Das ist der erste Engel,
der bringt Licht in den Raum.
Das ist der zweite Engel,
der bringt den Tannenbaum.
Das ist der dritte Engel,
der bringt den Schmuck heran.
Das ist der vierte Engel,
der steckt die Kerzen an.
Und der fünfte Engel schnell,
läutet mit dem Glöckchen hell.

Nacheinander alle fünf Finger berühren oder zeigen.

Die kleinen Hunde

Tante Kunigunde hat fünf junge Hunde.
Der Erste hat ein Fell aus Seide.
Der Zweite frisst gern weiße Kreide.
Der Dritte schlürft gern heiße Suppe.
Dem Vierten ist das alles Schnuppe.
Und der Fünfte, winzig klein,
kuschelt sich ins Nest hinein.

*Die fünf Finger nacheinander zeigen, den Kleinsten zum
Schluss mit der anderen Hand sanft umschließen.*

One, two three

One, two, three, four, five,
ich fing 'nen Fisch im Teich.
Six, seven, eight, nine, ten,
ich ließ ihn fortschwimmen.
Du hast ihn freigesetzt? Warum?
Er biss in meinen Finger! Drum!
In welchen Finger biss er rein?
Von meiner rechten Hand den Kleinen.

Auf Englisch bis zehn zählen. Nach einem englischen Kinderreim.

Fünf kleine Kartoffelmänner

Fünf kleine Kartoffelmänner,
das waren pfiffige Leute.
Der Erste war der Kartoffelkönig,
der machte den Kindern viel Freude.
Der Zweite war recht lang und dünn,
der legte sich als Pommes hin.
Der Dritte dann, ihr könnt es raten,
wurde ein Knödel zum Schweinebraten.
Dem Vierten war es einerlei,
drum wurde er Kartoffelbrei.

Und aus dem Fünften, namens Fips
wurde 'ne Hand voll Kartoffelchips.
Nun rutschen alle Fünfe munter,
schnell in meinen Bauch hinunter.

Die Finger zählen, wackeln, zum Schluss von der Brust zum
Bauch herunterrutschen lassen.

»Alle Mann umdrehen!«

Zehn liegen im Bett, gemütlich und nett.
Da ruft der Kleinste fröhlich aus:
»Alle Mann umdrehen!«
Es drehen sich alle und einer fällt raus.

Neun liegen im Bett, gemütlich und nett.
Da ruft der Kleinste fröhlich aus:
»Alle Mann umdrehen!«
Es drehen sich alle und einer fällt raus.

Acht liegen im Bett, gemütlich und nett.
Da ruft der Kleinste fröhlich aus:
»Alle Mann umdrehen!«
Es drehen sich alle und einer fällt raus.

Sieben liegen im Bett, gemütlich und nett.
Da ruft der Kleinste fröhlich aus:
»Alle Mann umdrehen!«
Es drehen sich alle und einer fällt raus.

Sechs liegen im Bett …
Fünf liegen im Bett …

Vier liegen im Bett …
Drei liegen im Bett …
Zwei liegen im Bett …

Nur noch einer liegt im Bett, gemütlich und nett,
der Kleinste ist's, nun etwas müder:
»Gute Nacht, ihr lieben Brüder!«

*Erst zehn Finger zeigen, dann neun, dann acht, usw. Zum
Schluss mit dem Kleinsten wackeln.*

Bir iki üç

Eins, zwei, drei, vier, fünf,
Bir, iki, üç, dört, beş,
sechs, sieben, acht, neun, zehn,
altı, yedi, sekiz, dokuz, on,
rote Unterhose,
kırmızı don.
Komm in unseren Garten runter,
Gel bizim bahçeye kon,
gelbe Zitrone,
sarı limon.

Mit beiden Händen auf Türkisch bis zehn zählen.

Der Drache

Meine Hand ist eine Insel,
da lebt der Drache Mampf.
Fünf Köpfe trägt er stets umher,
er fürchtet keinen Kampf.
Der erste Kopf heißt Dudel,
der zweite Pickeldi,
der dritte Kopf heißt Nudel,
der vierte heißt Pipi,
der fünfte heißt Geronimo,
bei Drachen ist das manchmal so.

*Zuerst alle fünf Finger zeigen, dann nochmal einzeln auf-
klappen und zum Schluss mit allen wackeln.*

Das Perlhuhn
(von Christian Morgenstern)

Das Perlhuhn zählt: Eins, zwei, drei, vier …
Was zählt es wohl, das gute Tier,
dort unter den dunklen Erlen?
Es zählt, von Wissensdrang gejückt,
die es sowohl wie uns entzückt,
die Anzahl seiner Perlen.

*Für Kinder mit Pünktchen-
Kleidung. Nach dem Aufsagen
des Verses Knöpfe und Punkte
auf der Kleidung zählen.*

Das Fräulein Rutsch

Wir gehen zu Fräulein Rutsch,
wenn sie fahren will, hat sie keine Kutsch,
wenn sie reiten will, hat sie kein Pferd,
wenn sie kochen will, hat sie keinen Herd,
wenn sie braten will, hat sie keine Pfann',
wenn sie heiraten will, hat sie keinen Mann.

*An den fünf Fingern abzählen, was das Fräulein Rutsch alles
nicht hat.*

Abzählverse

Eins, zwei, drei,
wer pinkelt in den Brei?
Vier, fünf, sechs, sieben,
das ist der Herr da drüben.
Acht, neun, zehn,
der soll mal lieber gehen.

*Dieser Abzählvers kann mit größeren Gruppen von Kindern,
aber auch mit den Fingern gespielt werden. Ein oder meh-
rere Kinder legen die Hände mit ausgespreizten Fingern auf
den Tisch. Nun werden die Finger im Rhythmus des Verses
einer nach dem anderen angetippt. Der Finger, der als Letz-
tes angetippt wird, verschwindet in der Faust. Dann beginnt
das Abzählen von vorne. Mal sehen, welcher der vielen Finger übrig bleibt.*

Ich red nicht mit dir,
dein Hemd ist aus Papier,
deine Buxen sind aus Blech,
du bist mir viel zu frech.

Auf dem Klavier,
da steht ein Bier,
wer's trinkt,
der stinkt.

Auf dem Berge Sinai
wohnt der Schneider Kikriki,
schaut mit seiner Brille raus:
eins, zwei, drei
und du bist raus.

Es geht ein Männlein auf der Brück',
trägt ein Säcklein auf dem Rück'!
Stößt gegen den Pfosten,
Pfosten kracht
Männlein lacht,
tipp, tipp, tapp
und du bist ab.

Ane, zwane, drane, väre, funke,
sake knake zepple bohne baffs.

Little Joe, hockt auf dem Klo,
hat den Finger im Popo,
kriegt ihn nicht mehr raus,
und du bist aus.

Eins, zwei, drei, vier, fünf, sechs, sieben,
auf dem hohen Berg dort drüben
steht ein Schloss mit hohen Zinnen,
wohnt ein alter Riese drinnen.
Fällt der Ries' den Berg hinab,
bricht er sich die Beine ab,
doch geht er auch ohne Bein,
kann ja zaubern – du sollst sein.

Ene-bene tumpe-fumpe
Rabe-snabe tippe-tappe
Käsenappe Uhlebuhle
Ipp app aus
und du bist raus

Kapitel 5

Aktionsspiele

Diese Spiele sind für einzelne Kinder, aber auch für größere Gruppen von Kindern geeignet. Alle können dabei mitmachen. Ob am Esstisch zuhause, ob im Kindergarten oder in der Schule – sie funktionieren überall prima. Aktionsspiele können den Unterricht auflockern, zu Hause für ordentlich Radau sorgen oder auch eine besondere Ruhe herstellen, je nachdem, was gerade gewünscht ist.

Die Fliege

Sehet, Kinder, seht mal an,
wie die Fliege fliegen kann:
Rundherum und in die Höh,
doch da kommt der Frosch, o weh!
Quack, quack, quack
und eins, zwei, drei,
mit der Fliege ist's vorbei.

Der Zeigefinger der einen Hand ist die Fliege, die in der Luft herumfliegt. Die andere Hand ist das Froschmaul, das sich die Fliege schnappt.

Der Hase Flopp

Hoppel, hoppel, hopp,
hier kommt der flinke Hase Flopp!
Seine Ohren, die sind lang,
sieh, wie er damit wackeln kann!
Er hat ein kuschelweiches Fell,
und wenn er rennt, ist er blitzschnell.

Zeige- und Mittelfinger als Hasenohren ausstrecken, den Hasen bewegen. Mit der anderen Hand die Länge der Hasenohren andeuten. Mit den Ohrenfingern wackeln, über den »Rücken« des Hasen streicheln, die Hand schnell hinter dem Rücken verstecken.

Igels machen sonntags früh

Igels machen sonntags früh
eine Seegelbootpartie
und die Kleinen jauchzen froh,
denn das Boot, das schaukelt so.
»Nicht so doll!«, spricht Mutter Igel,
»denn ihr habt ja keine Flügel,
wenn ihr dann ins
Wasser fallt,
hui, da ist es nass
und kalt!«

Die Hände zu einer Schale formen und als Boot hin und her
schaukeln. Als Mutter mit dem Zeigefinger drohen. Dann die
Arme wie Flügel auf und ab bewegen und in den Schoß fallen
lassen: Platsch. Dann die Arme kreuzen und sich schütteln,
als würde man frieren.

A bolle ba rolle Habersack

A bolle ba rolle Habersack
was treibt ihr da für Schabernack?
Hölzer hacken
Kuchen backen
Strümpfe stricken
Hemden flicken
A bolle ba rolle Habersack
Es ist wohl doch kein Schabernack.

Pst, wer kommt denn da?
Die Riesen!
A bolle ba rolle Habersack … usw.

Pst, wer kommt denn da?
Die Zwerge!
A bolle ba rolle Habersack … usw.

Pst, wer kommt denn da?
Die ganz und gar Lautlosen!

Erst die Hände umeinander kreisen lassen, dann mit ihnen
hacken, rühren, Strick- und Flickbewegungen machen, zum
Schluss mit dem Zeigefinger wackeln. Der Text wird zweimal
wiederholt:

Die Riesen: Alles ganz langsam, schwerfällig und groß ausführen.
Die Zwerge: Alles ganz schnell und leise aufsagen, die Bewegungen klein, nur mit den Fingern ausführen. Bei den Lautlosen alle Gesten stumm wiederholen.

Die Maschine

Käseturbine
Eiermaschine
rumpeldipumpel
klack klack klack
Stampfkolben
Mampfkolben
rumpeldipumpel
klack klack klack

Zahnrad-Rolle-Zahn-Kontrolle
rumpeldipumpel
klack klack klack
falschen Knopf gedrückt
Maschine spielt verrückt
Rumpel Klackel
Wackeldackel
Rattabumm dabumm!

Ein Spiel, bei dem die Kinder ordentlich Krach machen dürfen. Die Fäuste stampfen den Rhythmus des Verses auf dem Tisch. Bei Rumpeldipumpel wechselseitig, bei klackklack in die Hände klatschen. Bei Zahnrad-Rolle-Zahn-Kontrolle die Daumen umeinander kreisen lassen, dann mit den Fäusten weiterrumpeln.

Am Ende Chaos: bei den letzten Worten mit den Händen auf den Tisch, dann gegeneinander schlagen und schließlich wild auf dem Tisch trommeln.

Der kleine Mann

Kommt ein kleiner Mann daher,
kommt zum Pflaumenbäumchen.
Schaut hinauf und freut sich sehr,
sieht die vielen Pfläumchen.
Und er schüttelt: schwapp, schwapp, schwapp
fallen alle Pfläumchen ab.
Männchen liest sie in den Sack,
trägt nach Haus sie huckepack.

Einen Ellenbogen aufstellen, die Hand hoch oben ist die Baumkrone, die andere Hand kommt auf Zeige- und Mittelfinger dahergelaufen und schüttelt den Baum. Die Baumhand trommelt bei den fallenden Pflaumen mit den Fingern auf den Tisch, richtet sich wieder auf, Männchen geht davon.

Marionettentanz
(ein französisches Lied)

Ainsi font, font,
so machen, machen,
les petites marionettes,
die kleinen Marionetten,
ainsi font, font,
so machen, machen sie,
trois petits tours,
drei kleine Runden,
et puis s'en vont,
und dann verschwinden sie.

Die Hände hoch halten, mit allen Fingern zappeln. Die Hände mit den zappelnden Fingern hin und her bewegen und drei Runden tanzen lassen, sie zum Schluss hinterm Rücken verstecken.

Der Frosch im grünen Teich

»Mhm!«, macht der Frosch im grünen Teich.
»Mhm!«, macht der Frosch im grünen Teich.
»Mhm!«, macht der Frosch im grünen Teich
und nicht quak quak quak quak.

Und die Fische im Wasser singen
»schubiduh, schubiduh, schubiduh!«
Und die Fische im Wasser singen
»schubiduh, schubiduh, schubiduh!«
Und der Frosch macht »Mhm!«

Und die Krebse zwicken:
zwickedi, zwickedi, zwack!
Und die Krebse zwicken:
zwickedi, zwickedi, zwack!
Und der Frosch macht »Mhm!«

*Bei jedem »Mhm« die Zunge rausstrecken. Bei »quak« die
Hände als Maul öffnen und schließen. Bei »schubidu« die
Hände aneinanderlegen und Schlängelbewegungen nach
vorne machen. Bei »zwickedi zwack« den Mitspieler vorsichtig zwicken.*

Die Sonnenblume

Sonnenblume, Sonnenblume
steht an unserem Gartenzaun.
Außen hat sie gelbe Blätter,
innen ist sie schwarz und braun.
Kommt ein Vöglein angeflogen,
Hunger hat's gar sehr:
»Sonnenblume, Sonnenblume,
gib mir Kernlein her!«
Sonnenblume gibt dem Vogel
Kernlein ohne Zahl.
»Danke!«, ruft der kleine Vogel,
»Für das gute Mahl!«

*Die linke Hand mit gespreizten Fingern auf den Ellenbogen
stellen – als Sonnenblume. Mit der rechten Hand die einzelnen Blütenblätter (die Finger der linken Hand) zeigen,
dann einen Kreis auf die linke Handfläche malen für die
Kerne.*

Aus der rechten Hand wird ein Vogel – Daumen und Mittel-finger sind die Flügel, der Zeigefinger ist der Schnabel, der die Körner pickt. Zum Schluss den Bauch reiben.

Zehn kleine Pferde

Zehn kleine Pferde galoppieren in die Stadt.
Fünf sind braun wie Rinde
und fünf sind schwarz wie Teer.
Sie galoppieren hin
und galoppieren her.
Sie galoppie- und galoppie-,
-loppieren aus der Stadt zuletzt.
Zeig uns die zehn Pferdchen jetzt!

Ein Vers aus England. Mit den Fingern auf den Tisch trom-meln, erst alle, dann die eine Hand (braun) und die andere Hand (schwarz), dann alle zusammen hin und her. Zum Schluss leiser werden, dann die Hände hochhalten und mit den Fingern wackeln.

Die Raupe

In einem Apfelbaum, wie nett,
sitzt eine Raupe dick und fett.
Sie frisst ein Blatt und noch ein Blatt,
bis sie sich sattgefressen hat.
Und ist der Sommer dann vorbei,
dann schläft sie bis zum nächsten Mai.
Chhr, chr, chr, chrrrrrrrrp-tschüüüüh!
Ganz langsam kriecht sie dann heraus
aus ihrem Raupenpuppenhaus.
»Seht an!«, ruft sie, »wie ich da drin
zum Schmetterling geworden bin!«
Sie breitet ihre Flügel aus,
fliegt fröhlich in die Welt hinaus.

*Eine Hand ist der Baum, der Zeigefinger der anderen die
Raupe. Sie kriecht über die Baum-Hand und frisst dort einen
Finger nach dem anderen weg (die Finger einklappen). Danach wird die Baumhand zur Faust, die Raupe kriecht hinein
und schläft mit leisem Schnarchen. Dann kriecht der Zeigefinger wieder aus der Faust, die Daumen beider Hände werden gegeneinandergelegt, alle anderen Finger sind die Flügel, mit denen der Schmetterling davonfliegt.*

Geburtstag

Alle meine Fingerlein
wollen Gratulanten sein.
Der erste bäckt den Kuchen.
Er will ihn gleich versuchen.
Der zweite zündet Kerzen an,
damit man richtig feiern kann.
Der dritte malt dir einen Stern,
er hat dich ganz besonders gern.
Der vierte bringt ein Päckchen klein,
was wird denn da wohl drinnen sein?
Der fünfte Finger singt ein Lied,
da singen alle Kinder mit: …

Eigentlich ein Zählspiel, aber zusammen mit dem Geburts-
tagsständchen auch ein Aktionsspiel.

Nach Paris

Nach Paris, Parin, Paran
in einem großen kleinen Kahn,
von Paris nach Rochefort
durch ein großes kleines Tor,
von Rochefort hinauf aufs Schloss
auf einem großen kleinen Ross.
Das Ross hat keinen Sattel,
das Ross hat keinen Zaum,
doch schaut nur, wie ich reite
so herrlich wie im Traum.
Pa-ta-tat, pa-ta-tit,
im Schritt, im Schritt,

im Trab, im Trab, im Trab,
im Galopp, im Galopp, im Galopp!

*Ein Vers aus Frankreich. Zuerst bilden die Hände einen
Kahn, der lautlos in Schlängellinien durchs Tor gleitet. Dann
mit den Fingern leise und langsam im Takt auf den Tisch
trommeln – das Pferd geht im Schritt – bei »Trab« schneller
werden, bei »Galopp« schnell und laut mit beiden Händen
den Galopp trommeln.*

Die Blume

Schaut ein Knöspchen aus der Erde,
ob es nicht bald Frühling werde.
Wächst und wächst ein ganzes Stück.
Sonne warm vom Himmel scheint,
Regen auf das Knöspchen weint.
Knöspchen wird bald grün und dick.
Seine Blätter öffnet's dann.
Fröhlich fängt's zu blühen an.
Frühling ist es, welch ein Glück!

*Der Zeigefinger der rechten Hand schiebt sich langsam boh-
rend durch die Faust der linken Hand. Die linke Hand wird
dann zur Sonne, die von oben auf die Knospe (Zeigefinger)
strahlt, dann zum Regen, der heruntertröpfelt – mit allen
Fingern mehrmals von oben nach unten wackeln. Dann beide Hände zusammenballen – so dick ist die Knospe, die
Handballen zusammenhalten und die Finger langsam zur
Blüte öffnen.*

Der Astronaut

Das Raumschiff Sonnenglanz fliegt heute
von der Erde in das All.
Daumen ist der Astronaut,
erforscht nun der Planeten Zahl.
Achtung! Achtung! Startsignal
für die große Fahrt!
10, 9, 8, 7, 6, 5, 4, 3, 2, 1, START!
Auf einem Feuerstrahl nach oben
wird das Raumschiff hochgehoben.
Im Weltall fliegt's, im Sternenlicht,
verfehlt sein erstes Ziel auch nicht.
Pummelus heißt der erste Planet,
Zeigus-Geigus heißt der zweite,
Der dritte, der heißt Bohnenstang.
Der Flug zu ihm ist ziemlich lang.
Der vierte, der heißt Ringeling.

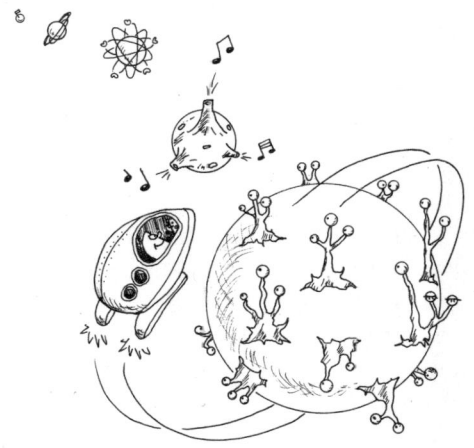

Der fünfte, der heißt Klitzeping.
Der ist dem Astronaut zu klein,
darum fliegt er wieder heim.
Heute landet auf der Erde
das Raumschiff Sonnenglanz voll Glück.
Heraus steigt Daumen Astronaut.
Vom langen Flug ist er zurück.

*Die Hände dachförmig (raketenspitz) zusammenführen. Den
rechten Daumen »einsteigen« lassen, mit dem linken Daumen die Luke dicht machen. Wenn die Rakete startet, schnel-
len die Arme nach oben. Die rechte Hand bleibt dort, zur
Faust geballt als Raumschiff. Die Finger der linken Hand
nun spreizen. Die rechte Faust umkreist bei jedem Planeten-
namen einen Finger der linken Hand. Zum Schluss landet die
Faust auf der Handfläche der linken Hand. Den Daumen
hochklappen und mit ihm wackeln.*

Eierkuchen

Eins, zwei, drei Eier in den Topf.
Eins, zwei, drei Tassen Milch.
Eins, zwei, drei Tassen Mehl.
Ne Prise Salz,
ne Handvoll Zucker,
rühren, rühren, rühren,
quirlen, quirlen, quirlen.
Pfanne auf den Herd.
Fett rein, Herd an.
Wird heiß und heißer.
Teig hinein.
Das macht »Tschsch, tschsch!«

Braten, braten,
wenden, wenden,
wenden, wenden,
fertig!
Und sogleich ein Stück versuchen.
Herrlich schmeckt der Eierkuchen!

*Bei eins, zwei, drei mit den Zählfingern der rechten auf die
Handfläche der linken schlagen, bei »Eier« und »Tasse« auf
die Hand klatschen: »1,2,3, klatsch!«*
*Zucker und Salz-Streubewegung der rechten über der of-
fenen linken. Mit dem Zeigefinger erst rühren, dann ganz
schnelle Bewegungen machen, wie beim Sahne schlagen.*
*Bei »Pfanne« mit der rechten Handfläche über die linke
streichen, Herd an – die Finger der rechten Hand wackeln
als Flammen unter der linken. Dann den Teig hineingießen
und die rechte Hand flach auf die linke legen: braten, braten, dann, bei wenden: mit der linken die rechte Hand hoch-
werfen, die rechte dreht sich in der Luft und landet mit dem
Handrücken auf der linken, dann wieder werfen, die rechte
dreht sich wieder und das Ganze wiederholen. Dann so tun,
als ob man von der rechten Hand ein Stück abbeißt. Und sich
den Bauch reiben.*

Zunge bäh

Zunge bäh
Zunge flup
Kopf nick
Augen blink
Nase rümpf

Ein Spieler hält seine Hand dem anderen hin. Der andere zieht an einem der fünf Finger. Beim Daumen Zunge raus-strecken, beim Zeigefinger Zunge rein, beim Mittelfinger mit dem Kopf nicken, beim Ringfinger die Augen auf und zu, beim kleinsten Finger die Nase rümpfen.

Auf dem Ball

Heute Abend auf dem Ball
tanzt der Herr von Zwiebel
mit der Frau von Petersil:
ach, das ist nicht übel.

Zwei beliebige Finger miteinander tanzen lassen.

Kapitel 6

Gebärdensprache

Hier finden Sie einige einfache Verse, die sich mit Gebärden begleiten lassen. Die Gebärdensprachdolmetscherin Karin Kestner hat sie mir eigens für dieses Buch zur Verfügung gestellt. Da es sich bei der Deutschen Gebärdensprache um eine vollwertige Sprache mit einer eigenen Grammatik handelt, lassen sich die Sätze ohne die Hilfe eines Videofilmes eigentlich nicht vollständig übersetzen, auch das Zusammenspiel der Worte, der Gebärden und der dazugehörigen Mimik ist im Grunde zu komplex.

Es würde allerdings den Rahmen eines solchen Buches sprengen, all dies detailliert zu erklären. Die Übersetzungen sind deshalb nicht hundertprozentig aufgezeichnet, aber für unsere Zwecke ist dies vollkommen ausreichend.

Scheuen Sie sich deshalb nicht, die Gebärden zusammen mit ihren Kindern auszuprobieren. Manche sind sehr humorvoll – zum Beispiel der Ziegenbart für »Ziege« oder das Wort »kläffen«. Schon bei diesen einfachen Gebärden ist zu spüren, dass es sich um eine ausdrucksstarke und faszinierende Sprache handelt.

A, B, C

A, B, C, die Ente kocht Kaffee
D, E, F, des Nachbarn Dackel kläfft
G, H, I, der Hahn schreit Kikeriki
J, K, L, die Katze putzt ihr Fell
M, N, O, der Frosch fällt auf den Po

mit Gebärden:

 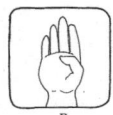  

A, B, C, die Ente kocht Kaffee

ENTE - Hand zweimal auf und zu ...

KAFFEE – die rechte Hand geht nach oben

D, E, F, des Nachbarn Dackel kläfft

DACKEL - Zeigefinger mehrmals hin und her

KLÄFFEN - Hand nach vorn öffnen

G, H, I, der Hahn schreit Kikeriki

HAHN - Hand wackelt hin und her

KIKERIKI - Daumen und Zeigefinger mehrmals auf und zu ...

P, Q, R, der Esel hat es schwer
S, T, U, das Mäuslein wohnt im Schuh
V, W, X, die Ziege macht 'nen Knicks
Ypsilon und Z, die Ente geht zu Bett!

mit Gebärden:

J, K, L, die Katze putzt ihr Fell

KATZE - zupft die Schnurrhaare

SICH PUTZEN (TIER) - mit der Zunge über den Handrücken lecken

 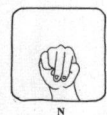  

M, N, O, der Frosch fällt auf den Po

FROSCH - Hände zweimal nach vorne hüpfen lassen

STURZ/HINFALLEN - Hände nach unten

P, Q, R, der Esel hat es schwer

ESEL - mit einem Ohr wackeln

SCHWER/GEWICHTIG - Fäuste anheben

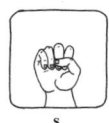   

S T U

S, T, U, das Mäuslein wohnt im Schuh

MAUS - in Schlangenlinie nach vorne

SCHUH - Hände wie beim Halten von Zügeln, im Bogen zum Körper hin bewegen

V W X

V, W, X, die Ziege macht 'nen Knicks

ZIEGE - Faust nach unten ziehen - wie Ziegenbart

 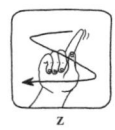 

Y Z

Ypsilon und Z, die Ente geht zu Bett!

BETT - Die Hände an die Brust führen

Eine Ergänzung zum Alphabet ist dieses Zeichen:

SCH

Die Umlaute Ä, Ö und Ü werden mit den Zeichen für A, O und U dargestellt.

A, B, C II

A, B, C, die Katze lief im Schnee,
als sie dann nach Hause kam,
da hatt' sie weiße Stiefel an.
A, B, C, die Katze lief im Schnee.

mit Gebärden:

KATZE - zupft die Schnurrhaare

SCHNEE - Hände von oben nach unten schlängeln

A, B, C, die Katze lief im Schnee,

als sie dann nach Hause kam,

NACH HAUSE - Hand nach vorne, dabei Daumen und Zeigefinger zusammenführen

da hatt' sie weiße Stiefel an.

WEISS - Zeigefinger nach rechts bewegen

STIEFEL - offene Hand an den Unterarm schlagen

 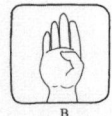 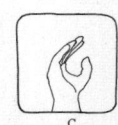  

KATZE - zupft die Schnurrhaare

SCHNEE - Hände von oben nach unten schlängeln

A, B, C, die Katze lief im Schnee.

Zu Pferde

Hopp hopp hopp zu Pferde,
wir reiten um die Erde.
Die Sonne reitet hinterdrein.
Am Abend wird sie müde sein.

mit Gebärden:

Hopp hopp hopp zu Pferde,

PFERD und auch
REITEN - Hände wie
Galopp bewegen

wir reiten um die Erde.

ERDE - Hände kreis-
förmig zusammen-
führen

Die Sonne reitet hinterdrein.

SONNE

PFERD und auch
REITEN - Hände wie
Galopp bewegen

Am Abend

wird sie müde sein.

ABEND - Hände vom
Oberkörper senken

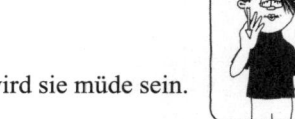

MÜDE - die Wange
nach unten streichen

Ich habe dich so lieb
(von Joachim Ringelnatz)

Ich habe dich so lieb!
Ich würde dir ohne Bedenken
eine Kachel aus meinem Ofen schenken.

mit Gebärden:

Ich habe dich so lieb!

LIEB

Ich würde dir schenken ...

**SCHENKEN -
ICH - DIR**
Hände nach vorn
bewegen

eine Kachel

K

A

C

H

E

L

aus meinem Ofen

OFEN - Zügelhand,
diese zweimal nach
vorn bewegen

ohne Bedenken.

BEDENKEN -
Zeigefinger zur Seite

Kapitel 7

Spaß mit mundartlichen Versen

Mundarten und Dialekte sind Teil unserer Identität. Sie verraten etwas über unsere Herkunft und gehören zu unserer ganz speziellen Kultur. Heute werden sie durch die einheitliche Sprache der Medien, die ja überregional verstanden sein möchte, abgeschwächt. Auch an den Schulen wird überall hochdeutsch geredet. In der Schweiz ist dies etwas anders, dort wird Hochdeutsch zwar gelehrt, doch geläufiger ist in der Schule und auch in den Medien das Schweizerdeutsch. Es ist im Alltag etabliert und erscheint im Bezug zum Hochdeutsch wie eine zweite Sprache. In Deutschland werden Mundarten vielerorts nur noch von einem kleinen Teil der Bevölkerung gepflegt. Und dennoch vermitteln sie auch jüngeren Menschen nach wie vor etwas Vertrautes, etwas, womit sie sich heimisch fühlen. Umgekehrt ist es so, dass eine fremde Mundart dem Zugereisten ganz neue phonetische Erfahrungswelten bescheren kann. Fingerspielreime eignen sich daher besonders gut für eine kleine Entdeckungsreise auf diesem Gebiet. Sie sind kurz, überschaubar und dadurch auch noch verständlicher als längere Texte. Es kann für Kinder spannend sein, bekannte Worte ganz anders auszusprechen.

Aus Norddeutschland

Anna Panna Pickelmus

Anna Panna Pickelmus
keem alle Dag in use Huus,
woll mit us wat eten,
harn Lepel vergeten,
smeetn in de Aschen,
müss em wedder waschen,
kreeg em wedder rut,
do weer dat Eten ut.

Norddeutsches Platt – ein Vers über Anna Panna, die erst ihren Löffel vergisst, ihn dann in die Asche wirft, ihn waschen muss und als sie ihn endlich wieder rausbekommt, ist das Essen vorbei. Die Löffelgeschichte an den Fingern abzählen (ab »harn Lepel vergeten«), zum Schluss mit dem kleinen Finger winken.

Aus Berlin

Berliner Verslein

Gibt dir dat Leben eenen Knuff,
dann weene keene Träne.
Lach dir'n Ast und setz dir druff
und baumle mit die Beene.

Kein Fingerspiel, aber schön.

Aus dem Rheinland

D'r hellije Zinter Mätes

D'r hellije Zinter Mätes, Dat wor ne jode Mann, Hä jov de Kinder Kääze Un stoch se selver an. Butz, butz, widder butz, Dat wor ne jode Mann.

Der Kölner Vers vom heiligen Sankt Martin, der den Kindern Kerzen gibt und sie anzündet, kann als Abzählreim gesprochen werden. »Butz, butz, widder butz, dat wor ne jode Mann« – wie du mir so ich dir, das war ein guter Mann.

Et Müüsche

Et wor ens e Müüsche, dat leef en et Hüüsche, et leef widder rus – mih Märche es us.

Kölner Abzählvers: Es war ein Mäuschen, lief ins Häuschen, lief wieder raus, mein Märchen ist aus.

Ääze, Bunne, Linse

Ääze, Bunne, Linse, wo sin se? Em Döppe se höppe, sin hadd wie ne Knoche, se koche drei Woche.

Erbsen, Bohnen, Linsen an den Fingern abzählen, in den Döppe (Topf) – die Handfläche der anderen Hand hopsen lassen und mit dem Zeigefinger umrühren: Sind hart wie ein Knochen, sie kochen drei Wochen.

Bimbam Beiermann

Bimbam – bimbam – Beiermann,
wieviel Hämmer musste han?
Eenen en de rächte Hand,
eenen en de lenke Hand,
dä für Bimm
und dä für Bamm,
dat'e bimbambeiere kann.

Ein Vers in bergischer Mundart über zwei Glöckchen, die mit dem Hammer geschlagen werden sollen. Dem Kind wird so beigebracht, wo rechts und links ist.

Dat öss d'r Duume

Dat öss d'r Duume,
dä schöddelt de Pruume,
dä höff-se op,
dä brängk-se noh Huus,
on dä kleene Ditz heej, dä ett-se all op.

»*Der schüttelt die Pflaumen*« – *eines der bekanntesten Fingerspiele, dieses hier ist aus Mönchengladbach in Jläbäcker Platt. Die Finger werden nacheinander berührt.*

En Dahler

Hast' nen Dahler,
gang noh gene Maht,
geäld en Kooh,
e Stöck Leäver derzoo,
Kränzche,
Pänschge,
Kirrewirrewänschge.

Ein Vers in Öcher (Aachener) Platt. Hier hast du einen Taler, geh auf den Markt, kauf dir eine Kuh, ein Stück Leber dazu, Kränzchen, Bäuchlein … killekille! Dem Kind auf die Hand patschen und die Hand zum Schluss kitzeln.

Kenne wenne Wennche

Kenne wenne Wennche,
Leppche ruth,
Nässche sief,
Öggelchere piep,
Stierche platt,
Hörrche zipp zapp.

Ein Spruch in Öcher Platt. Man berührt die einzelnen Teile im Gesicht des Kindes: zuerst das Kinn (Kenne), dann die Lippen rot (Leppche ruth), dann das laufende Näschen

(Nässche sief), die Augen klein (Öggelchere piep), die flache Stirn (Stierche platt) und zum Schluss leicht an den Haaren (Hörrche) zupfen.

Die Namen der Finger
(auf Öcher Platt)

Dumelenk
Leckfenk
Langmann
Juhann
Piephans

Die einzelnen Finger berühren: Däumling, Leckfinger, langer Finger, Johann und kleiner Hans.

Der Dumelenk hau e Ferksche gegolde

Der Dumelenk hau e Ferksche gegolde,
der Leckfenk hau et dudt gedoh,
der Langmann haut et ege Schaaf gelath,
der Juhann hau de Putese gemaht,
en der Schelme Piephans hat alles opge-isse.

Ein Zeigevers auf Öcher Platt, bei dem die Finger nacheinander berührt werden: Der Daumen hat ein Schweinchen gekauft, der Zeigefinger hat es getötet, der Mittelfinger hat es in den Schrank gelegt, der Ringfinger hat die Blutwurst gemacht und der kleine Schelm Piephans hat alles aufgegessen.

Aus Hessen

Schimpfreim

Schälle, schälle dout net wieh,
wer meich schillt, hot Läus en Flieh,
Läus en Flieh, dej hun eich net,
bei deich Drecksack giehn eich net!

*Ein hessischer Schimpfreim, bei dem heftig mit dem Zeige-
finger gewackelt werden kann: Schimpfen, schimpfen tut
nicht weh, wer mich schimpft, hat Läus' und Flöh', Läus' und
Flöhe hab ich nicht, zu dir Drecksack geh ich nicht!*

Aus Sachsen

Do is en Mutschl

Do is en Mutschl,
do is en Summerwirmel,
do is en Ottergünferle,
do is en Molkendremel,
un do is en Tschuckel.

*Ein Zeigespiel auf Erzgebirgisch. Die einzelnen Finger der
Hand berühren: der ist eine kleine Kuh, der ist ein Marien-
käfer, der ist eine Bergeidechse, der ist ein Nachtfalter und
der ist ein Ferkel.*

Aus Thüringen

Vogtländischer Reim

E Dörfel dort, e Baamel hier,
dr Wald, der rauscht drzu,
un wenn dr Himmel lachn tutt,
do lach när miet, bie fruh!

*Erst den rechten, dann den linken Zeigefinger heben, da-
nach – beim Rauschen des Waldes – mit allen zehn Fingern
wackeln. Zum Schluss mit dem Zeigefinger ein Lachgesicht
in die Luft malen, erst den Kreis, dann Augen und Nase, ab-
schließend den Mund.*

Zählen in Sonneberg

Eas – Gruserich	Segsa – Petz
Zweji – Öwaschicharuhm	Siema – Schperk
Dreija – Bierdela	Achda – Moggela
Viera – Hölberla	Neuna – Hebbela
Fünf – Dädsch	Zejina – Märbeln

*In Sonneberg, Südthüringen, wird dieser Dialekt – itzgrün-
disch – gesprochen. So lässt es sich bis zehn zählen, die
einzelnen Finger berühren: eins Schnittlauch, zwei Kohlrabi,
drei Petersilie, vier Preiselbeeren, fünf Reibekuchen. Die
andere Hand nehmen:*
*Sechs Schaf, sieben Spatz, acht Kälbchen, neun Zicklein,
zehn Murmeln.*

Aus Bayern

Bitsche, batsche Beda,
hinterm Ofen stehda
hinterm Ofen loanda,
wenn ma' oschaugt woanta.

*Ein Reim zum Abzählen. Pitsch, patsch Peter, steht hinterm
Ofen, lehnt hinterm Ofen und wenn man ihn anschaut, dann
weint er – weil er dran ist oder raus ist, je nachdem, was
abgezählt wird.*

Aus Österreich

Stadtfräulein und Bauerntrampl

Ich bin das Stadtfräulein von hohem Stand, und i da Bauern-
trampl vom Land. Ich spreche sieben Sprachen und spiele
Klavier, und i geh Saufuattan dafür. Ich gehe in den Garten und pflücke mir Rosen, i geh hoam und flick mein Vo-
tan sei zrissane Hosn. Ich fahre mit dem Schnellzug erstes
Coupee, und i foahr über d'Loatabahn, tuat ma da Oasch a
net füh z'weh.

*Dies ist ein Dialog aus Österreich – die vornehme Dame ist
der Zeigefinger der einen Hand, der Bauer ist der Daumen
der anderen Hand, der heftig umherstampft. Der Bauer geht
Schweinefüttern anstatt Klavier zu spielen, flickt Vaters zer-
rissene Hosen und rutscht mit schmerzendem Hintern die
Leiter (Loata) runter.*

Gemma sogt da Brema

»Gemma, gemma!«, sogt da Brema. »Wo denn hin?«, sogt die Bien.

»Tanzen tanzen«, sogt die Wanzn. »Jo, an Schas«, sogt de Gaaß.

»Sogt ma dos?«, sogt da Hos.

»Aber jo«, sogt da Floh. »Hab ka Kladl«, sogt des Fadl.

»Wiast scho kriagn«, sogt die Fliagn.

»Jo von wem?«, sogt die Hen. »Von da Godl«, sogt da Podl. Godl sogt: »I hob ka Gööd.«

Ein weiterer Vers aus Österreich. Bei den Worten Brema (Bremse), Biene, Wanze, Gaaß (Geiß), Hos (Hase), Floh, Fadl (Ferkel), Fliagn (Fliege), Henne und Pudel die zehn Finger, einen nach dem anderen, berühren. Zum Schluss die Godl (Patentante) mit dem Daumen darstellen, der verneinend hin und her wackelt.

»Ätsch« auf Österreichisch

Schleckerpatzl,
Buttabrot,
hosd de gonze Nosn rot.

Das heißt: Ätschbätsche, Butterbrot, deine ganze Nase ist rot (mit Marmelade vollgeschmiert). Mit dem Zeigefinger einen kleinen Stups auf die Nase des Kindes geben.

Aus dem Alemannischen

Fünf alemannische Abzählreime

Alti Hex am Ofeloch
häsch kei guete Kaffee kocht,
häsch en gar verbrennt
un du bisch dä, wu rennt.

Uf em Weg, do lauft en Igel,
des wär grad für dich en Striegel,
fang en ii
und du muesch sii.

Am Boom isch en Ascht,
uf dem Ascht isch e Nescht,
i dem Nescht liit e Ei,
un du muesch sei!

Ene meine muh,
duss bisch du,
duss bisch du no ganz lang nit,
sag mer zerscht, wie alt du bisch:
»siebe«
(sieben wird abgezählt)

Ennege, bennege, rumpeldi,
riffel, raffel, mannewii,
Anke, Beere, Schmalz,
Hafer, Mehl un Salz,
Tinte, Pfanne, Nuss
un du bisch duss.

*Bei Abzählreimen können Kinder auch die zehn Finger ihrer
Hände der Reihe nach abzählen – mal sehen, welcher Finger
übrig bleibt.*

Do isch e Wegli

Do isch e Wegli,
do springt e Häsli.
Dä hät's gschosse,
dä hät's gwäsche,
dä hät's brote,
dä hät de Tisch decket,
und dä klei Striizi hät de Teller uusgschlecket.

*»Der hat den Hasen gefangen« auf alemannisch. Bei »Dä«
werden die einzelnen Finger, beginnend mit dem Daumen,
berührt.*

En Pfennig

Ein Pfennig ufs Händli,
kaufsch dr e Ländli,
e Geiß un e Kueh,
e Rössli dezue
fürs Kälbli e Plätzli
und alli ghöre miim Schätzli.

Ein bekannter Vers auf alemannisch. Es wird leicht im Takt
auf die geöffnete Hand des Kindes gepatscht und zum Schluss
die kleine Handfläche gekitzelt.

Aus der Schweiz

Azelle, Bölle schelle

Azelle, Bölle schelle,
'd Katz goht uf Walliselle,
chunt sie wider hei,
het sie krummi Bei,
piff, paff, puff,
und du bisch duss.

Ein Abzählreim in Schweizerdeutsch. Walliselle ist ein Ort in der Schweiz. Der Vers geht so: Abzählen, Zwiebeln schälen, die Katze geht nach Wallisellen, kommt sie wieder heim, hat sie krumme Beine.

Der Wolf

Chumm, mir wei go Ärdbeeri sueche,
s'isch je jetzt kei Wolf im Wald.
Am eis nit, am zwöi nit, am drü nit, am vieri nit,
am öifi nit, am sechsi nit, am siebni nit, am achti nit, am
nüni nit, am zähni nit, am elfi nit,
am elfi nit,
am zwölfi chunnt der Wolf!

Ein aufregendes Zähl- und Fangspiel in Schweizerdeutsch:
Komm, wir gehen Erdbeeren suchen, jetzt ist kein Wolf im
Wald, um eins nicht, um zwei nicht, um drei nicht, usw. … Um
zwölf kommt der Wolf.
Die Finger der Kinder krabbeln über den Tisch.
Bei »zwölfi« versucht der Fänger eine
Hand zu erhaschen.
Das erhaschte
Kind ist beim nächs-
ten Spiel der Wolf.

Santichlaus

Santi Niggi, Näggi
Hinderem Ofe stägg i
Gib mir Nuss und Bire
so kumm i wieder füre.

Ein Schweizer Nikolaus-Gedichtlein über ein Kind, das sich hinterm Ofen versteckt und erst hervorkommt, wenn es Nüsse und Birnen gibt: Den rechten Daumen in der linken Faust verstecken und langsam daraus hervorkriechen lassen.

Birrli schüttle

Dä gaht go Birrli schüttle.
Dä hilft am Bäumli rüttle,
dä list d Birrli uuf,
dä treits hei, de Berg duruuf,
und dä Chly ly fuul im Graas.
Plumps! Tätscht em e Bir uf d Nas.

Schweizer Birnen schütteln, auflesen und den Berg hinauftragen. Die einzelnen Finger berühren, dem Kleinen am Ende einen Stups geben.

Kapitel 8

Der Streit der fünf Finger

Der Mundartdichter Gustav Vössen hat sich schon im 19. Jahrhundert Gedanken über die Eigenarten der einzelnen Finger gemacht. Er schrieb ein Streitgedicht voller Witz und philosophischen Einsichten. Wir brauchen nur die Hand zu heben und unsere fünf Finger gegeneinander streiten lassen. Ein jeder von ihnen hat seine ganz eigenen Argumente.

Der Streit der fünf Finger

(frei nach dem Mundart-Gedicht
»De fönef Fengere« von Gustav Vössen [1809–1878], Aachen)
Übersetzung: Richard Wollgarten
Nachdichtung: Anke Reimann

Die fünf Finger meiner Hand gerieten einst in Streit und Zank.
Daumen, Zeiger und der Lange war'n vor Ärger schon ganz krank.
»Immer müssen wir uns plagen, müssen alle Arbeit tun,
während Ringfinger und Kleiner faul auf ihren Plätzen ruh'n.
In der Schule halten WIR den Stift und auch die Schere,
wir binden Bänder, zählen Erbsen, pflücken manche Beere.
Warum soll'n immer wir mit derlei Tun uns quälen?

Die Kurzen liegen faul herum und woll'n bis drei nicht
zählen.«
Da stellte sich der Kleinste auf und sagte frech heraus:
»Ich bin viel klüger als ihr Großen und sehe besser aus.
Mit meinen fürstlichen Manieren
versteh ich, euer Tun zu zieren,
Trinkt meine Dame einen Tee,
steh ich ganz vornehm in die Höh'.
Also haltet mich in Ehren
und hört auf, euch zu beschweren.«

Der Zeigefinger sprang empor mit finsterem Gesicht.
»Hört euch den Nasenbohrer an, den Prahler, diesen Wicht!
Ich frage euch, wer überlegt? Wer gibt den guten Rat?

Man legt mich an die Nase nur und schreitet
dann zur Tat.
Wer mich erhebt, schafft sich Respekt, ich drohe
und erkläre.
Ich zeige euch die ganze Welt, nur mir gebührt
die Ehre.«

Ringfinger sprach: »Ihr seht wohl ein, dass
ich der Schönste bin,
deswegen trag auch ich allein aus purem
Gold den Ring.«

Der Mittelfinger stand nun auf und sah von oben her
auf die anderen herab, doch das Reden fiel ihm schwer.
»Eh … was wollte ich denn sagen, was wollte ich denn
machen?«

Er wusste es nicht mehr und alle andern mussten lachen.
Der Lange guckte dumm herum und kratzte sich am Ohr.
»Adieu!«, der freche Kleinste rief, »Tschüß, Herr Tambour-
Major!«

Der Daumen schrie: »Ich bin der Stärkste, alleine gegen vier,
und stünd ich nicht an diesem Platz, was wäret dann wohl
ihr?
Deswegen sei die Ehre mein, euch alle anzuführen,
will einer etwas anpacken, muss er den Daumen rühren.«

So stritten sie und wären auseinander fast gerannt,
da sprach sie an von unten her die gute, kluge Hand.
»Was könnt ihr denn«, so fragte sie, »stünd jeder ganz allein?
An einem bleibt kein Reiskorn hängen und auch kein Erbse-
lein.
Allein zieht keiner eine Rübe, allein fängt keiner einen Floh.
Der Apfel blieb' im Baume hängen, die Kirsche sowieso.
Kann einer ganz alleine denn mit dem Stifte schreiben?
Wehrt einer sich alleine? Das lässt er lieber bleiben.

Darum:
Wenn etwas von der Hand soll gehen,
müssen wir zusammenstehen.
Wenn wir in unsren Künsten gemeinsam' Sache machen,
dann können wir zu guter Letzt uns froh ins Fäustchen lachen.
Punktum! Streut Sand darauf, vorbei sei dieser dumme Streit!
Ich will durch meine Finger sehen dann von Zeit zu Zeit.«

*Hier hat jeder Finger seinen Text. Wenn die Hand spricht, so
kann die andere Hand die zappelnden Finger umschließen
und zusammenhalten.*

Kapitel 9

Kleine Geschichten

Kleine Geschichten können eine recht lebhafte Angelegenheit sein, denn das Fingerspiel folgt keinen festen Regeln. Es lässt sich ausschmücken und variieren, wild übertreiben, fortsetzen und durch ganz andere Bewegungsvarianten und -spiele ergänzen. Gesänge, Kitzeleien, Fangspiele, Clowns-Kaspereien, alles, was Sie sich ausdenken und was sich gerade so ergibt, lässt sich leicht anfügen. Das kann ja heiter werden!

Der Apfeldieb

Dort in Müllers Garten
dort steht ein Apfelbaum,
hängt voll der schönsten Äpfel,
man sieht die Blätter kaum.
Da kommt des Nachbars Hänschen,
schlüpft durch ein Heckenloch,
füllt beide Hosentäschchen
und futtert noch und noch
Da pfeift's! Da kommt der Müller:
»Halt, halt, du Apfeldieb!«
Das Hänschen läuft geschwinde
davon vor Schimpf und Hieb.

Es will durchs Löchlein schlüpfen,
da gibt's ein Missgeschick:
Die vollen Hosentaschen,
die machen es zu dick.
Hans zappelt in dem Loche
wie 'ne gefangne Maus.
Der Müller mit dem Stocke
klopft ihm die Hosen aus.

*Eine Hand ist der Baum. Die andere schleicht sich an und
klettert hinauf. Dann verwandelt sich der Baum in den Müller und versucht die Hänschen-Hand zu fangen, erwischt sie
und klopft sie mit dem Zeigefinger aus.*

Gemüseladen

Hinter dem Gemüsetisch
steht der Herr Ranunkel
Er ruft: »Äpfel, Äpfel frisch!
Und Kirschen hell und dunkel!«
Kommt Frau Mollig angestapft
mit zwei großen Taschen
»Fünf Pfund Kartoffeln, bitte sehr,
zehn Äpfel, schön gewaschen,
dazu drei Bünde Petersil,
den Kohlkopf da, den kleinen,
vier Gürkchen und 'nen Rettich-Stiel,
das wär's dann, will ich meinen.«
»Macht achtfuffzig« »Bitte sehr!«
»Vielen Dank, die Dame!«
»Huch, was sind die Taschen schwer,
da fühl ich mich ganz lahme!«

»Na warten Sie, da helfe ich«,
so spricht der liebe Herr
und schleppt die Taschen ihr nach Haus,
Frau Mollig freut sich sehr.
(Küsschen)

*Die Hände zu einem Dach falten, den linken Daumen als
Herrn Ranunkel darunter platzieren. Den Zeigefinger der
rechten Hand vor den Daumen als Ladentheke herunterklap-
pen. Mit dem rechten Daumen Frau Mollig spielen. Den
Dialog mit wechselseitig wackelnden Daumen spielen. Zum
Schluss die Ladentheke hochklappen und beide Daumen
Seite an Seite davonwackeln lassen. Frau Mollig gibt dem
Herrn Ranunkel zum Abschluss einen Freuden-Schmatzer.
Dazu die Daumenspitzen kurz zusammendrücken.*

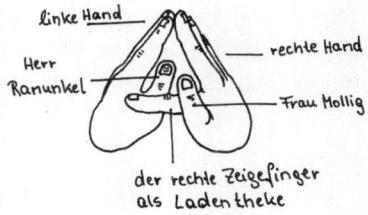

Der Herr von Feder

Der ehrenwerte Herr von Feder
saß auf einer hohen Zeder,
sang ein Lied aus voller Kehle,
weithin tönte sein Gegröle,
dann flog er fort zu einem Tännchen,
denn er war ein Amselmännchen.
Piep, piep, piep, piep, piep!

Eine Hand ist der Baum, die andere der Amselschnabel, der sich öffnet und schließt und dann fortflattert. Bei »Tännchen« landet sie auf der Schulter des Kindes und hüpft und piepst dort lauthals herum.

Der Bauer Tschipolle
(von Anke Reimann)

Im Januar liegt der Bauer Tschipolle
laut schnarchend in seiner kuschligen Molle.
Der rechte Daumen schnarcht, eingehüllt von der linken Hand.

Im Februar fegt Tschipolle sein Haus
und der ganze Dreck fliegt raus.
Die rechte Hand fegt die eigene oder die Handfläche des Kindes, dann niesen: Hatschi!

Im März zählt der Bauer zuerst sein Geld
und dann die Grashalme auf dem Feld.
Daumen reibt Zeigefinger (Geld), dann zählt der Zeigefinger mehrmals die Finger der Kinderhand.

Im April kauft er auf dem Markt neue Schuh,
eine Kuh und ein Kälbchen mit Schwänzchen dazu.
Auf die Handfläche des Kindes patschen und dann kitzeln.

Im Mai streut er Zwiebelsamen ums Haus
bald sprießen die Zwiebeltriebe heraus.
*Die Finger der einen Hand sprießen durch die Finger der
anderen.*

Im Juni schnappt Tschipolle nach Fliegen,
nicht eine wird er zu fassen kriegen.
*Händeklatschend Fliegen in der Luft jagen und aus Versehen
die Kindernase erwischen.*

Im Juli fliegen der Bauer, die Kuh
und das Kalb an den Strand von Honolulu.
Mit der Hand Flugzeug spielen.

Im August segeln die drei mit Gebrause
über Meereswellen zurück nach Hause.
Mit beiden Händen ein Schiff bilden, das über Wellen gleitet.

Im September erntet der Bauer Tschipolle
Zwiebel-, Kartoffel- und Rübenknolle.
Eine Faust mit der Hand umschließen und die Faust dann herausziehen, plopp.

Im Oktober
bläst er mit der Posaune
alle bunten Blätter
vom Baume.
Mit den Händen
Posaune spielen.

Im November springt Tschipolle durch Pfützen
und trägt karierte Bommelmützen
Faust mit ausgestrecktem Daumen herumhüpfen lassen.

Im Dezember backt er Bälle aus Schnee
und wirft sie sich auf den großen Zeh.
Mit den Händen backen und werfen, mit dem Fuß wackeln
und »aua« sagen.

Kerlchens Daumen

Kerlchens Daumen dick und nett
legt sich in sein Kuschelbett.
Zieht die Decke übern Kopf,
man sieht nichts mehr als seinen Schopf.
Schnarcht, dass sich die Balken biegen,
komm näher ran, da muss er liegen.
Kerlchen schläft die ganze Nacht.
Frühmorgens ist er aufgewacht.

Den Daumen zeigen und ihn in die andere Hand zu Bett legen, mit den Fingern zudecken. Schnarchen. Beim Aufwachen die Hand wieder öffnen.

Das Kasperlhaus

Ich kenn ein kleines Kasperlhaus.
Der Kasperl schaut zum Fenster raus.
Da kommt das große Krokodil,
das meinen Kasperl fressen will.
Der Kasperl macht sich einen Spaß,
versteckt sich in 'nem leeren Fass.
Das Krokodil schaut hin und her,
es findet keinen Kasperl mehr.
Da geht es fort und geht nach Haus.
Der Kasperl lacht es tüchtig aus.

Mit den Händen ein Haus bilden, der Daumen ist der Kasperl. Die andere Hand wird zum Krokodilmaul und schnappt nach dem Kasperl. Der Daumen verschwindet schnell in der Faust. Krokodilhand sucht überall nach dem Kasperl und verschwindet dann hinterm Rücken. Aus der Faust kommt der Daumen wieder heraus und lacht.

Ein Hase wollt zur Schule gehen

Ein Hase wollt zur Schule gehen,
zur Schule ganz allein.
Er hat den Bach dort nicht gesehen
und – plumps! – fiel er hinein.
Der Bach trieb rasch dem Tale zu,
dort wo die Mühle steht
und wo sich ohne Rast und Ruh
das große Mühlrad dreht.
Ganz langsam drehte sich das Rad,
fest hielt's der kleine Has,
und als er endlich oben war,
sprang er vergnügt ins Gras.
Da lief das Häschen heim ganz schnell,
vorbei war die Gefahr.
Die Mama rubbelt froh sein Fell,
bis dass es trocken war.

Zeigefinger und kleiner Finger sind die Hasenohren, Daumen ist die Stupsnase. Den Hasen springen und in den Bach plumpsen lassen. Mit den flachen Händen das Auf und Ab der Wellen und die Strömung des Baches zeigen. Bei »Mühle« die Hände zum Dach formen. Bei »Mühlrad« die Unterarme umeinanderdrehen, dann eine Hand wegnehmen, wieder zum Hasen werden lassen und vom anderen Arm, der sich noch als Mühlrad dreht, nach oben tragen lassen. Hasenhand hüpft fort und wird zum Schluss von Mama-Hand rundum abgerubbelt.

Beim Mühlenhaus zu Butzlabee

Ich ging einmal nach Butzlabee,
da kam ich an einen See,
und dort stand ein Mühlenhaus,
da schauten fünf Hexen zum Fenster raus:
Die erste sprach: »Komm, iss mit mir!«
Die zweite sprach: »Komm, trink mit mir!«
Die dritte sprach: »Komm, spiel mit mir!«
Die vierte sprach: »Komm, tanz mit mir!«
Die fünfte nahm den Mühlenstein
und warf ihn mir ans linke Bein.
Da schrie ich laut: »Oweh, oweh!
Ich geh nie mehr nach Butzlabee!«

Eine Hand wird quergehalten als Haus. Dahinter wackeln die fünf Finger als Hexen. Bei jeder Hexe mit dem entsprechenden Finger wackeln. Bei der fünften Hexe die Hexenhand zur Faust ballen und als Mühlenstein langsam durch die Luft fliegen lassen, damit dann leicht gegen das Bein des Kindes oder das eigene Bein stoßen. Bei »Oweh, oweh!« beide Hände abwehrend heben und damit hin und her wackeln.

Fünf Brüder

Fünf Brüder gehen durch den Wald,
der Weg ist hart, die Luft ist kalt.
Der erste sagt: »Oh Bruder, schau!
Die Wolken hängen schwer und grau!«
Der zweite sieht hinauf zur Höh:
»Ich glaube«, sagt er, »es gibt Schnee.«

Der dritte schaut und ruft sodann:
»Es fängt ja schon zu schneien an!«
Der vierte hält die Hände auf,
und da fällt weicher Schnee darauf.
Der fünfte ruft: »Ich lauf nach Haus
und hole unseren Schlitten raus.
Nun setzt euch drauf, ihr lieben Brüder,
und saust mit mir den Berg hernieder!«

Die linke Hand zeigt die einzelnen Finger. Die rechte Hand zeichnet darüber Wolken in die Luft und zeigt fallenden Schnee (langsame Bewegung der Hand von oben nach unten, die Finger wackeln leicht). Die linke Hand fängt den Schnee nun auf. Die rechte Hand läuft auf Zeige- und Mittelfinger fort und kommt als Schlittenhand zurück. Die fünf Finger der linken Hand wieder ausstrecken, auf den Schlitten setzen und mit Schwung durch die Luft rodeln lassen.

Little Snowman – kleiner Schneemann

A chubby little Snowman had a carrot nose.
Ein dicker kleiner Schneemann hat eine Möhrennas.
Along there came a bunny und what do you suppose?
Was denkst du wohl, was macht da ein herbeigehüpfter Has?
That hungry little bunny is looking for this lunch.
Der kleine Kerl hat Hunger, er sucht ein Leckerli.
He ate the snowman's carrot nose:
»Nibble, nibble, crunch!«
Er frisst des Schneemanns Möhrennase:
»Knabber, knusper, knäckerli!«

Mit den Händen einen dicken Bauch zeigen, den Zeigefinger der linken Hand als Möhre vor die eigene Nase halten, Zeige- und Mittelfinger der rechten Hand als Hasenohren aufstellen. Mit dieser Hasenhand nach der »Möhre« schnappen. Der Möhrenfinger verschwindet in der Hasenfaust. Zum Schluss hüpft der Hase davon. Man kann die englischen und die deutschen Zeilen auch voneinander trennen und den Vers nur in einer Sprache sprechen.

Die zwei Wurzeln
(von Christian Morgenstern)

Zwei Tannenwurzeln groß und alt
unterhalten sich im Wald.

Was droben in den Wipfeln rauscht,
das wird hier unten ausgetauscht.

Ein altes Eichhorn sitzt dabei
und strickt wohl Strümpfe für die zwei.

Die eine sagt: knig. Die andre sagt: knag.
Das ist genug für einen Tag.

*Mit den Händen die Tannenwurzeln bilden, bei »Wipfel«
dem Kind auf die Haare pusten. Das strickende Eichhörn-
chen nachahmen, bei »knig« die eine Hand heben, bei »knag«
die andere.*

Gleich und Gleich
(von Johann Wolfgang Goethe)

Ein Blumenglöckchen vom Boden hervor
war früh gesprosset in lieblichem Flor;
Da kam ein Bienchen und naschte fein:
die müssen wohl beide füreinander sein.

Die rechte Hand zur Faust ballen und langsam zur Blume
aufgehen lassen. Den Zeigefinger der linken als Bienchen
fliegen lassen und in der Mitte der geöffneten rechten landen
lassen. Dann die »Biene« mit den Blütenfingern umschlie-
ßen.

Der Wetterhahn
(von Wilhelm Busch)

Wie hat sich sonst so schön der Hahn
auf unserem Turm gedreht
und damit jedem kundgetan,
woher der Wind geweht.
Doch seit dem letzten Sturme hat
er keinen rechten Lauf,
er hängt so schief, er ist so matt
und keiner schaut mehr rauf.
Jetzt leckt man an dem Finger halt
und hält ihn hoch geschwind,
die Seite, wo der Finger kalt,
von daher weht der Wind.

Arme aufstützen, die Hände kelchförmig an den Handbal-
len zusammenführen und sie so hin und her drehen. Nach

»Sturm« immer schiefer und langsamer werden. Zum
Schluss den Zeigefinger im Mund anhauchen und nach oben
in die Luft halten.

Die Wasserstelze

Die Wasserstelze schnattert
und fängt der Mücken viel,
sie hört nicht auf zu klappern
mit ihrem Pfannenstiel.

Die Hand auf den Unterarm stellen, mit Daumen und Zeige-
finger den Schnabel bilden und damit schnappen und wa-
ckeln und das Kindlein zwackeln.

Der kleine Schlomps
(von Anke Reimann)

Auf einer Wiese liegt im Mai
ein schönes, großes, rundes Ei.
die Faust der linken Hand
Hört nur,
wie's darinnen zappelt,
wie es klappert,
rumpelt, rappelt.
Faust wackelt

Durch einen Spalt lugt schon hervor
ein spitzes Mäulchen und ein Ohr,
das Mäulchen hier, vier Ohren dort,
drei Augen am ganz falschen Ort,
ein zweites Mäulchen zeigt sich fein:
wie seltsam muss dies Küken sein!
*Zeige-, Mittel- und Ringfinger der rechten Hand vorsichtig
durch die linke Faust schieben.*

Da schlägt's ein Loch, heraus geschwind
hüpft fröhlich Schlomps, das Drachenkind.
*Die linke Hand öffnen, die rechte Hand ist Schlomps, sie geht
auf Daumen und kleinem Finger. Zeige-, Mittel- und Ringfinger sind die drei Hälse mit den drei Köpfen.*

Drei Drachenköpfchen, Schweif und Bauch
bewegen sich bald flink und frei,
sechs Ohren und sechs Augen, auch
zwei schöne Flügel sind dabei.
*Jetzt kommt der kleine Drache »in die Maske«, er bekommt
die Köpfe aufgesetzt – wie sie in der Bastelanleitung (siehe
Seite 140) aufgezeichnet sind.*

Die Köpfe schauen rundumher
und alle drei staunen sehr.
Der erste spricht: »Die Welt ist rund.«
Der zweite meint: »Die Welt ist bunt.«
Der dritte ruft: »Sie ist ein Hund!«
Schlomps läuft umher, sieht eine Murmel, einen bunten Blu-
menstrauß und einen Hund.

Und Schlomps,
der auch zwei Füße hat,
will viel mehr sehen
und zwar gleich
Für Drachenkinder aber ist
das Laufenlernen nicht so leicht.
Die Köpfe sehen sich nicht an,
ein jeder zerrt, wie er nur kann.
Der erste schreit: »Ich will nach vorn!«
Der zweite schreit:
»Ich will zurück!«
Der dritte schreit:
»Ich bleibe hier!«
Da seht ihr das Debakel.
Die Beine wissen nicht,
wohin,
sie stolpern hilflos,
ohne Sinn
mal hin und her,
mal her und hin,
na, das ist ein Spektakel!
Den Text einfach
nachspielen.

Schlomps stolpert – plumps! – in einen Bach.
Die Kulisse: ein Stück blaues Papier oder Tuch auf dem Tisch.
Da rauscht das kalte Wasser, huh!
Fällt auf den Bauch der Länge nach,
drei Stimmchen schimpfen lauthals: »Puh!«
Die Köpfchen schauen rundumher
und alle drei staunen sehr.
Der erste spricht: »Die Welt ist nass.«
Der zweite meint: »Die Welt ist blass.«
Der dritte ruft: »Sie ist ein Fass!«
Kopf eins steckt im Wasser, Kopf zwei hat einen Fisch aus
Transparentpapier vor der Nase, Kopf drei sieht ein Fass,
das im Fluss schwimmt (siehe Bastelanleitung Seite 141).

Als Refrain wird nun wieder der Debakel-Vers gesprochen:
Und Schlomps, der auch zwei Füße hat,
will viel mehr sehen und zwar gleich,
für Drachenkinder aber ist
das Laufenlernen nicht so leicht.
Die Köpfe sehen sich nicht an,
ein jeder zerrt, wie er nur kann.
Der erste schreit: »Ich will nach vorn!«
Der zweite schreit: »Ich will zurück!«
Der dritte schreit: »Ich bleibe hier!«

Da seht ihr das Debakel.
Die Beine wissen nicht, wohin,
sie stolpern hilflos, ohne Sinn
mal hin und her, mal her und hin,
na, das ist ein Spektakel!

Schlomps purzelt gegen einen Baum.
Die linke Hand mit abgespreizten Fingern auf den Unterarm
stellen, den Pfau (siehe Bastelanleitung Seite 141) über den
Zeigefinger streifen. Schlomps gegen den Arm prallen lassen.
Verknorzelt ist der Stamm, ist rau.
Da fällt er hin und glaubt es kaum,
drei Stimmchen schimpfen lauthals: »Au!«
Mit einem Stift einen blauen Fleck auf den rechten Daumen
(Schlomps' Bein) malen und damit wackeln.
Die Köpfe schauen rundumher
und alle drei staunen sehr.
Der erste spricht: »Die Welt ist rau.«
Der zweite meint: »Die Welt ist blau.«
Der dritte ruft: »Sie ist ein Pfau.«
Der zweite Kopf (Mittelfinger) entdeckt den blauen Fleck am
Bein. Der dritte sieht den Pfau.

Es folgt wieder der Debakel-Vers als Refrain:
Und Schlomps, der auch zwei Füße hat,
will viel mehr sehen und zwar gleich,
für Drachenkinder aber ist
das Laufenlernen nicht so leicht.
Die Köpfe sehen sich nicht an,
ein jeder zerrt, wie er nur kann.
Der erste schreit: »Ich will nach vorn!«
Der zweite schreit: »Ich will zurück!«
Der dritte schreit: »Ich bleibe hier!«
Da seht ihr das Debakel.
Die Beine wissen nicht, wohin,
sie stolpern hilflos, ohne Sinn
mal hin und her, mal her und hin,
na, das ist ein Spektakel!

Da hört der kleine Schreihals Schlomps
von oben leises Lachen.
Es lacht die Drachenmutter Momps,
die stupst den Babydrachen.
Die rechte Hand wird zur Drachenmutter (siehe Bastelanleitung Seite 140) und spricht:

»Ach kleiner Schlomps, was rennst du schon,
die Welt läuft dir doch nicht davon!
Mit Köpfen dreien ist's verzwickt,
das lernst du bald verstehen,
wirst, wenn du groß bist und geschickt,
noch viele Dinge sehen.«
Die Drachenmutter küsst ihren kleinen Schlomps auf alle drei Mäulchen und streichelt ihn liebevoll.

Die Momps sieht ihren kleinen, dicken
Schlomps mit allen Köpfchen nicken.
Zusammen gehen sie ein Stück,
es bleibt das leere Ei zurück.
Die beiden Drachen gehen davon.

Kapitel 10

Theater der Hände

Wussten Sie, dass man mit seinen beiden Händen ganze Theaterstücke spielen kann? Sei es »Faust« oder »Hamlet« – alles ist möglich. – Es muss aber nicht gleich die Weltliteratur sein, man kann auch kleiner und überschaubarer anfangen.

Wir haben fünf Schauspieler an jeder Hand. Mit ihnen können Sie, ohne allzu großen Aufwand, aber mit viel Spaß bei verschiedensten Anlässen vom Kindergeburtstag über Familienfeiern bis zum Kindergarten-Sommerfest einen großartigen Programmpunkt beisteuern.
Sie können ihren kleinen Schauspielern Kostüme und Masken geben und loslegen. Oder Sie lassen sie einfach so, wie sie sind und spielen trotzdem: Zum Beispiel ein Theaterstück für Kinder, geschrieben für Hände und Finger. Dieses folgende stammt aus einer Produktion des Figurentheaters von Anke Berger in Braunschweig.
Anke Berger hat sich im Rahmen eines Kindermuseum-Projektes unter dem Titel »AllerHand« intensiv mit dem Thema Hand und Spiel auseinandergesetzt. Ihr Theaterstück »Hand in Hand im Zauberland« ist ein Puppenspiel ohne Puppen. Akteure sind die Hände. Benötigt werden nur wenige und ganz alltägliche Requisiten – eine Cremedose, ein Schminkstift, Handschuhe, ein paar Tücher aus Stoff, einige kleine

Alltagsgegenstände. Diese sorgen für die nötigen Verwandlungen. Die Puppenspielerin möchte ihr Publikum bewusst zum Nachspielen und Ausprobieren anregen. Sie schafft eine Spielfläche für Themen wie die Geborgenheit zu Hause, die ersten eigenen Wege nach draußen, Freundschaft und Abenteuer. Im Spiel werden die Hände auf besondere Weise lebendig, sie bekommen eine eigene Persönlichkeit und entdecken für sich ungeahnte Fähigkeiten.

Hand in Hand im Zauberland

von Anke Berger

1 Daheim

1.1 Aufwachen

Die Bühne ist ein einfacher Tisch, hinter dem man sitzt, oder ein Stehpult. Ein Tischtuch verhüllt die vordere Seite. Die Tischplatte ist die Spielfläche für die Hände.
Das Händchen liegt unter einer kleinen Schmusedecke (beispielsweise ein Tuch oder ein Stoffrest) auf dem Tisch.
Händchen *(linke Hand)*: gähn
Mamahand *(rechte Hand, mit Armband und großem Ring)*: Händchenklein, aufstehen!
Händchen: gähn

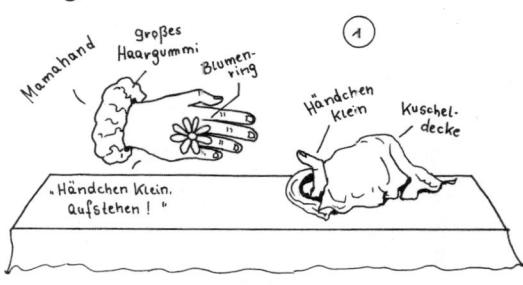

Mamahand (*zupft an der Decke*): Händchenklein, nicht unter die Bettdecke kriechen. Los, raus aus den Federn!
Händchen: Ich will nicht, Mama. Es ist so schön warm und kuschelig im Bett. Lass meine Schmusedecke los.
Mamahand: Bist du wach?
Händchen: Noch nicht ganz.
(Mamahand kitzelt)
Händchen (*lacht*): Nicht kitzeln!

Mamahand: Mach ein bisschen Morgengymnastik, dann bist du gleich frisch für den Tag. Das tut deinen Fingern gut, wenn sie sich recken und strecken.
(Händchen macht Morgengymnastik, streckt alle Finger.)
Händchen: Na, ihr Fingerchen, seid ihr denn auch alle da?
1 2 3 4 ? *(Wackelt mit den Fingern)*
Hey, ihr alten Pflaumen, wo ist denn mein Daumen? Liegt der etwa noch im Bett?
(Guckt nach)
Nein, da ist er nicht.
1 2 3 4 5 6, das kann doch nicht sein.
1 2 3 4 5, richtig! Fünf Finger hab ich!
Wie lustig die sich bewegen, wenn sie erst mal wach sind.
Guten Morgen, Mama.
Mamahand: Guten Morgen. Bist du endlich wach, kleines Patschehändchen.

(Händchenklein bekommt einen Kuss. Dann greift Mama-hand Decke und Kind, und alle verschwinden unter dem Tisch.)

Händchen bekommt
einen Kuss.

1.2 Waschen & Cremen

(Mamahand und Händchen heben eine mit Wasser gefüllte Glasschale auf den Tisch.)
Mamahand: So, ich habe dir schon das Wasser einlaufen lassen. Da kannst du gleich reinspringen und dich waschen.
(Händchen stupst einen Finger kurz ins Wasser.)
Händchen: So kalt! Das brauche ich heute nicht. Nein danke.

Mamahand: Was soll denn das heißen? Es wird sich gewa-schen, wie jeden Morgen.
Händchen: Da möchte ich wirklich nicht rein.
Mamahand: Händchenklein, ab mit dir ins Wasser.
Händchen: Mein Daumen will nicht, der Zeigefinger will auch nicht, keiner will.

Mamahand: Ab, ins Wasser!
(Sie fährt mit dem Zeigefinger über den Rand der Schüssel,
so dass es einen Ton gibt. Händchen stippt vorsichtig einen
Finger nach dem anderen ins Wasser, bis es ganz darin ba-
det.)
Händchen: mmm, ohhhh, uaaah, kalt, bibbbll, das ist ja doch
ganz schön …
(Spritzt Mama nass)
Mamahand: Schön, dass es dir Spaß macht!
(Mamahand verschwindet unter dem Tisch, um ein Handtuch
zu holen. Händchen schwimmt und singt:)
Händchen klein, ganz allein,
springt mutig in die Wanne rein,
spritzt alles nass,
das macht ihm Spaß,
Mama ruft: Was soll denn das!
  Forelle, Karpfen, Hecht und Hai,
  alles schwimmt an ihm vorbei.
Es taucht und springt, wie ein Pirat
der Meere und des Kattegat.

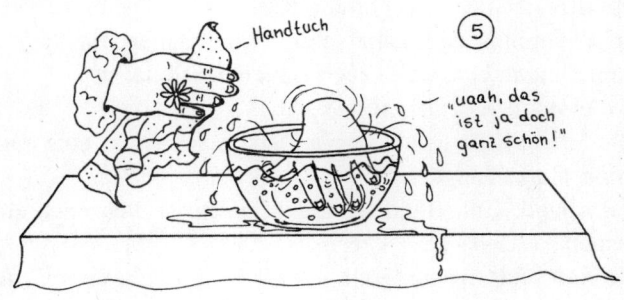

(Mamahand kommt mit dem Handtuch.)
Mamahand: Händchen, komm raus!
Händchen: Ich will noch nicht.

Mamahand: Immer das Gleiche mit dir. Erst willst du nicht rein, dann willst du nicht raus. Komm abtrocknen!

Händchen: Na gut. Ist das schön, Mama, so kuschelig und wuschelig.

(Es wird ins Handtuch gewickelt, nur die Finger gucken oben raus.)

Mamahand: Ja, mein Schmusehändchen. Aber sag einmal, was sind denn das für Dingerchen?

Händchen: Das sind doch meine Fingerchen!

Mamahand: Ach so, na klar, hier ist ja der Daumen.

Daumen: Ich möchte am liebsten liegen. *(zack hinlegen)*

Mamahand *trocknet ihn ab*: Schlafmütze.

Zeigefinger: Ich möchte am liebsten popeln. *(zack)*

Mamahand: Pfui pfui pfui. *(trocknet ihn ab)*

Mittelfinger: Ich möchte am liebsten fliegen. *(zack fliegt)*

Mamahand *(fängt ihn ein)*: So ein Unsinn.

Ringfinger: Ich möchte am liebsten träumen. *(zack)*

Mamahand: Ein TräumchenBäumchen.

Kleiner Finger: Ich möchte klettern, auf Bäumen. *(zack)*

Mamahand *(erwischt auch diesen mit dem Handtuch)*: Nicht, dass dir noch der Nagel bricht, Kleiner!

Ihr seid mir ja eine ganz schön bunte Bande, ihr kleinen Zappelfinger. Und wenn euch dann der Affe laust?

(Währenddessen putzt Mama.)

Alle Finger *(alle gemeinsam)*: Dann machen wir eine ganz große, starke Faust!

Mamahand: Gut. Händchenklein, du musst dich noch eincremen.

(Sie holt eine Cremedose nach oben. Händchen spielt damit.)

Händchen: Au fein, diese Dose rollt immer so schön.

Mamahand: Du sollst dich doch eincremen und nicht spielen. Nun, jetzt mache ich das. Komm her.
Punkt, Punkt, Komma, Strich – fertig ist das Mondgesicht.
(Sie macht Cremetupfen auf die Handfläche von Händchen.)

Händchen: Schau mal, Mama, jetzt hab ich ein richtiges Gesicht.
Mamahand: Ja, aber trotz alledem müssen wir den Handrücken einreiben bis zum Handgelenk, die Fingerchen …so, jetzt bist du fein.
(Mamahand verreibt die Creme. Das Tupfengesicht verschwindet wieder.)
Händchen: Mmmmh, das riecht gut.
Darf ich spielen?

Mamahand: Ja, sicher.
Händchen: Auch auf dem Dachboden?
Mamahand: Ja, ausnahmsweise.
Gib mir einen Kuss, mein kleines Händchen.
Händchen: Tschüss, Mama!
(Beide Handflächen aneinanderlegen und Küsschen geben lassen.)

2 Auf dem Dachboden

(Die Tischbühne wird nun umgebaut. Der Boden (Tischtuch) ist dunkler. Eine handhohe Schatzkiste steht seitlich der Mitte.)

2.1 Begegnung

(Lied:)
Händchen klein, ganz allein,
fällt ein neues Spiel gleich ein.
Treppe rauf, Bein für Bein,
hüpft es in den Speicher rein.
  Und die Mama nimmt sich Zeit,
  macht das Essen nun bereit,
Händchen klein schaut sich um
Was liegt hier bloß für'n Krempel rum.

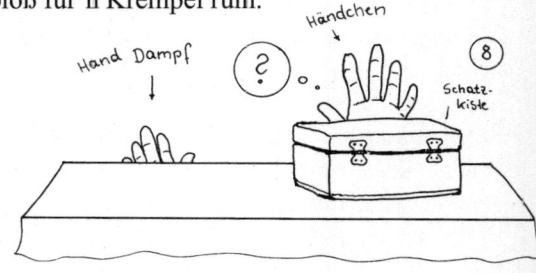

Händchen *(kommt die Treppe herauf)*:
Ein Hut, ein Stock, ein himmelblauer Unterrock und vor-
wärts, rückwärts, seitwärts ran. Ein Hut, ein Stock, …
Was ist das denn? *(Sieht die Kiste, befingert sie vorsichtig
klopf – pfiff –)*
Ist da jemand?
*(Die andere Hand erscheint nun ohne Ring und Armband.
Spricht mit einer Jungen-Stimme, denn Händchen ist ein
Mädchen.)*
Hand Dampf: Ja, ich!
Händchen: Wer bist du denn?
Hand Dampf: Ich bin Hand Dampf.
Händchen: Was machst du hier?
Hand Dampf: Spielen. Und wie heißt du?
Händchen: Händchenklein *(Faustina Mamahands Tochter
Handschuh)*. Komm, ich zeige dir was. Da ist eine Kiste.
Hand Dampf: Kenne ich schon.
Händchen: Was ist denn drin?
Hand Dampf: Weiß nicht, geht nicht auf.
Hey, lass es uns zusammen probieren. Du da hinten und ich
hier. Auf drei.
1-2-3
*(Nichts passiert. Sie tauschen die Plätze (Arme kreuzen),
nichts passiert. Sie probieren es von vorne, knarrend öffnet
sich die Kiste.)*

2.2 Schminken & Verkleiden

(Die beiden schauen in die Kiste.)
Händchen: Uii, wie das glitzert und glänzt. *(Sie findet einen
Kajalstift/Schminkstift.)* Das hat meine Mama auch. Malst
du mir ein Gesicht? Bitte.

Hand Dampf *(malt auf Händchens Handfläche)*: Punkt, Punkt, Komma, Strich, …
(Immer die Hand zum Publikum öffnen!)

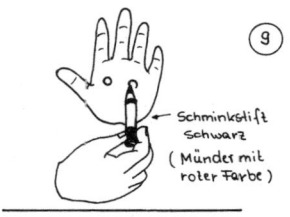

Händchen: Nun bist du dran.
Hand Dampf: Nein, ich bin doch kein Mädchen!
Händchen: Spielverderber!
Hand Dampf: Na gut.

Händchen: Strich, Strich, Komma, Strich, fertig ist das Lausbubengesicht. Schau, was da alles drin ist. Geschmeide.
(Händchen holt eine Kette aus der Kiste und wickelt sie sich um die Finger.)
Hand Dampf: Ne alte Schnur.
Händchen: Schöne Spitze.
(Holt es aus der Kiste.)
Hand Dampf: Ein oller Lappen.
(Setzt ihn sich wie eine Mütze auf den Kopf.)
Händchen: Wundervolle Blumen.
(Sie legt Blumenbänder um ihre Finger.)

Hand Dampf: Zerknautschtes Papier. *(Er sieht Händchen genauer an.)* Händchenklein, du siehst aus wie eine … eine … Braut.

Händchen: Und du wie ein Matrose.

Hand Dampf: He, wollen wir tanzen?

Händchen: Ich kann das gar nicht.

Hand Dampf: Ich zeige es dir. Darf ich bitten? Reichen Sie mir Ihren Daumen, Gnädigste.

Händchen: Aber gewiss doch, mein Herr.

(Sie tanzen und summen ein Lied dazu.)

Hand Dampf: Meine Dame, Sie kriegen einen Handkuss.

Händchen: *(kicher)* Du bist ein richtiger Kavalier, Hand Dampf.

Hand Dampf: Kann sein. Ich bin aber auch der beste Verstecker der Welt. Willste mal sehen? Du musst mich suchen!

2.3 Spiele

2.3.1 Verstecken

(1–2 mal Verstecken spielen, dann spielt Hand Dampf mit einem Ball.)
Händchen: Darf ich auch mal? *(Drängeln, Ball wird auf den Finger gesteckt.)*
Hand Dampf: Du siehst ja aus wie ein Clown!

2.3.2 Zirkus

Händchen: Wirklich?
Dann möchte ich Zirkus spielen.
Hand Dampf: Au ja, hier ist der Zirkus!
(Er streut einen Kreis aus Sägespänen auf den Tisch.)
Händchen: Meine Damen und Herren, liebe Kinder!
Willkommen im Zirkus …? Wie heißen wir denn?
(Sie fragen das Publikum.)
Der Zirkus… präsentiert Ihnen heute Akrobaten, wilde Tiere und berühmte Zauberer.
(Die Vorstellung beginnt.)
Schau, hier ist noch ein Kopf (Ball), setze ihn auf, dann können wir zusammen was machen.
(Hand Dampf setzt den Kopf auf.)

1. Clowns
(Die beiden machen Faxen.)
Hand Dampf: Meine Damen und Herren. Darf ich vorstellen: Ich heiße Peter, das ist Paul. Ich bin fleißig, der ist faul
(hahaha)
Händchen: eins, zwei, drei
Butter auf den Brei,
Salz auf den Speck
und du musst weg!
(Hand Dampf verschwindet, stattdessen taucht diese Hand nun als Schlange auf.)

2. Schlange
(Händchen dressiert die Schlange.)
Händchen: Es klapperte die Klapperschlang, bis ihre Klapper schlapper klang. Applaus für die Klapperschlange!
(Die Schlange bäumt sich hoch auf. Händchen streng.)
Schlapper klang! (*Die Schlange senkt sich. Händchen erleichtert:*) Applaus für die Klapperschlange!

Die Schlange

3. Schnellredner
(Beide Hände verschwinden, kurz. Dann tauchen sie als Schnellredner wieder auf. Der Handspieler dreht sich um, hält beide Fäuste im Nacken, die jeweils mit einem Auge und einer roten Daumenkappe versehen sind. Beim Sprechen mit den Daumen wackeln und bei »bäh« den Daumen kurz zwischen Zeige- und Mittelfinger herausschieben.)

1. Redner *(spricht so schnell es geht)*: Zehn Ziegen zogen zehn Zentner Zucker zum Zoo. Bäh!
2. Redner: Bürsten mit schwarzen Borsten bürsten besser als Bürsten mit weißen Borsten. Bäh!
1. Redner: Zwischen zwei Zwetschgenzweigen zwitschern zwei Zeisige. Bäh!
2. Redner: Als Anna abends aß, aß Anna abends Ananas. Bäh!
(Sie verschwinden. Spieler dreht sich wieder um. Händchen und Hans Dampf tauchen wieder über der Tischkante auf.)
Händchen: Das war lustig!
Hand Dampf: Ich verwandele mich jetzt in ein wildes Tier. In den wilden Tingo.
Händchen: Dann werde ich dich bändigen.

4. Der wilde Tingo
(Beide verschwinden. Zuerst taucht Händchen wieder auf, mit dem Clownskopf auf dem Finger und einem Stock zwischen Daumen und Mittelfinger. Dann kommt mit Knurren und Fauchen das wilde Tier.
Händchen dressiert es, lässt es über einen Stock springen und Männchen machen:)

Händchen: Tingo, Hepp! Braaav! Hepp! Bravo!

Tingo: Knurr!

Händchen: Aus!

(Tingo legt sich hin:)

Händchen: Applaus für den Tingo! Tataaaa!

(Tingo verschwindet. Hand Dampf kommt wieder als Clown.)

Händchen: Ich tanze jetzt auf dem Seil.

5. *Seiltänzer*

(Hand Dampf zieht ein Seil aus der Kiste und spannt es, indem er es festhält. Das andere Seilende ist in der Kiste befestigt.)

Hand Dampf: Sie sehen nun die hervorragende Seiltänzerin Händchenklein Faustina Ballerina!

Händchenklein
Faustina Ballerina,
die Seiltänzerin

Schnur in der Kiste
befestigen

(Händchen balanciert auf dem Seil, torkelt ein wenig, schaukelt.)

Hand Dampf: Halte durch, Händchen!

(Händchen läuft zum Ende und hat es geschafft. Sie springt nach unten und wird von Hand Dampf aufgefangen.)

Hand Dampf: Tataaaa!

(Die beiden verbeugen sich. Sie streifen dann ihre Ballköpfe ab und sehen nach, was es noch in der Kiste gibt. Sie finden dort eine spitze Tüte.)

6. Der Zauberer

Hand Dampf: Ein Spechtschnabel.

(Er führt einen rhythmischen Tanz auf der Kiste auf, klopft mit der Spitze der Tüte.)

Händchen: Oder eine Schultüte. Wenn ich in die Schule komme, wird die voll mit Süßigkeiten sein. Darf ich mal?

(Sie nimmt die Tüte.)

Sieht aus wie ein Hut, ein Zauberhut.

Hand Dampf: Ja, ein echter Zauberhut.

Händchen: Setz du ihn auf, ich will auch mal gucken. Du brauchst ein Zauberergesicht. Hier ist ein, ein Kleiderbügel? Eine Brille ist das. Du bist voll ein Zauberer.

(Händchen setzt Hand Dampf den spitzen Hut auf die Faust und eine Brille auf den ausgestreckten Mittelfinger. So sieht man ein Gesicht mit einer langen Nase.)

Der Kopf des Zauberers:
Brillenbügel in die Faust klemmen, dann den Mittelfinger als Nase ausstrecken.
Hut aufsetzen.

Hand Dampf: Ich begrüße Sie und stelle Ihnen meine wunderbare Assistentin vor.

Händchen: Ich? Du musst aber eine besondere Sprache haben.

Hand Dampf: Ich bigrieße Sie, ech begreße See, och bogroße So

Händchen: Das hört sich gut an.

Hand Dampf: Och bogroße So ... ond stolle Ohnen mone wonderbore Ossostontin vor.

Mot Holfe moner Ossostontin zobore och mor Boone.

Händchen: Du willst dir Beine zaubern.

Hand Dampf: Hokospokos!
(Händchen versucht, auf Zeige- und Mittelfinger zu balan-
cieren. Aber es sieht sehr wackelig aus.)
Händchen: Ich kann gar nicht stehen.
(Die Finger einknicken, eine kleine Besprechung darstellen,
bei der die beiden einander gegenüberstehen.)
Hand Dampf: Mono Domen ond Horren. Ofgoposst. Ich
zobore non zwo Schohe. Hokospokos!

(Mit der Händchen-Hand
dreimal kreisen, Glitzer
werfen und Schuhe hin-
stellen.)
Händchen: Bravo! Aber
ich hab ja gar keine Hose!
Hand Dampf: Hokospokos!

ein Handschuh
mit abgeschnittenen
Fingern

Puppenschuhe für
Zeige- und Mittelfinger

(Mit der Händchen-Hand dreimal kreisen, Glitzer werfen
und Hose herbeiholen (einen Handschuh mit abgeschnitte-
nen Fingerspitzen). Händchen in die Hose helfen und mit
Zeige- und Mittelfinger in die Schuhe schlüpfen lassen.
Kopfhand auf die Schuh-Hand setzen und als eine Figur
herumlaufen lassen.)

mit beiden
Händen den
Zauberer
herumlaufen
und tanzen
lassen

Hand Dampf: Jotzt loden
wor So on zo onem won-
derbaren Tonzchen. os dorf
goklatscht worden.
(Er singt ein Lied, zu dem
sie tanzen, z. B. »Es tanzt
ein Bi-ba-Butzemann« oder
»Old MacDonald hat 'ne
Farm« oder »Das Holzha-
ckerlied«. Nach dem Tanz spricht der Zauberer)* Ond non
zobore och moch ons ondere Onde dor Wolt.
(– und verschwindet unter der Tischplatte.)

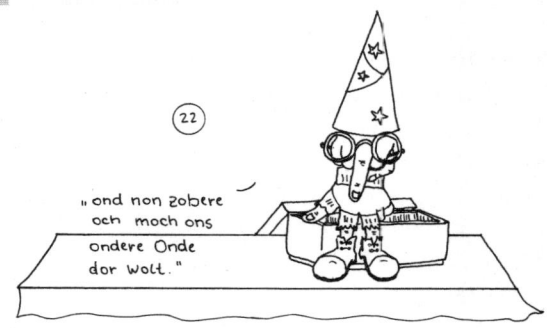

(22)

„ond non zobere och moch ons ondere Onde dor woll."

(Von dort sind nun die Stimmen von Händchen und Hand Dampf zu hören.)

Händchen *(Stimme)*: Ich will auch mal zaubern!

Hand Dampf: Füße können nicht zaubern.

Händchen: Dann will ich nicht mehr Füße sein.

(Sie taucht über der Tischplatte auf:)

Händchen: Abra, dabra, schabernacks, ich zaubere jetzt Platz.

(Die Kiste verschwindet vom Tisch.)

Meine Damen und Herren, nur für Sie, heute: die tanzenden Pferde! Applaus!

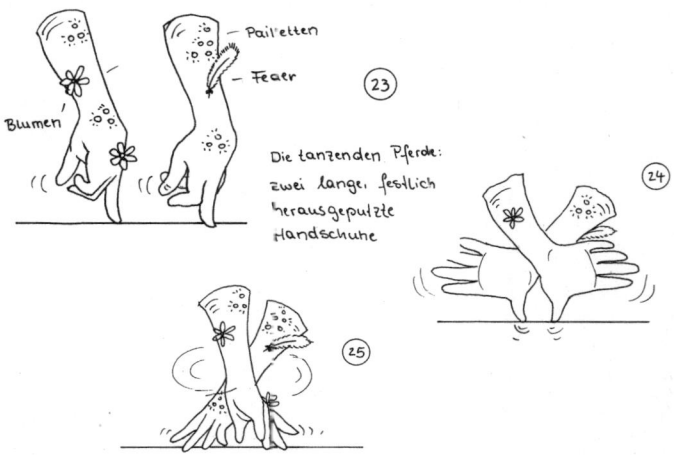

Pailletten

Feder

(23)

Blumen

Die tanzenden Pferde: zwei lange, festlich herausgeputzte Handschuhe

(24)

(25)

*(Musik erklingt. Beide Hände stecken nun in federge-
schmückten Seidenhandschuhen und führen zur Musik ein
Ballett auf. Die Hände dabei nach Phantasie tanzen lassen.
Plötzlich endet die Musik.)*

Mamahand *(nur Stimme)*: Händchen klein, in 5 Minuten
reinkommen!

*(Beide Hände hoch. Sie streifen sich gegenseitig die Hand-
schuhe ab.)*

Hand Dampf: Das war wohl deine Mutter?

Händchen: Toller Zirkus.

Hand Dampf: 5 Minuten noch.

Händchen: Dann können wir ja noch was spielen.

Hand Dampf: Ja! Jetzt kommt die große Tierschau!

*(Die Musik läuft nun weiter. Mit den Händen werden nun
verschiedene Tiere dargestellt, die zur Musik über die Tischplatte laufen, hüpfen, schweben.)*

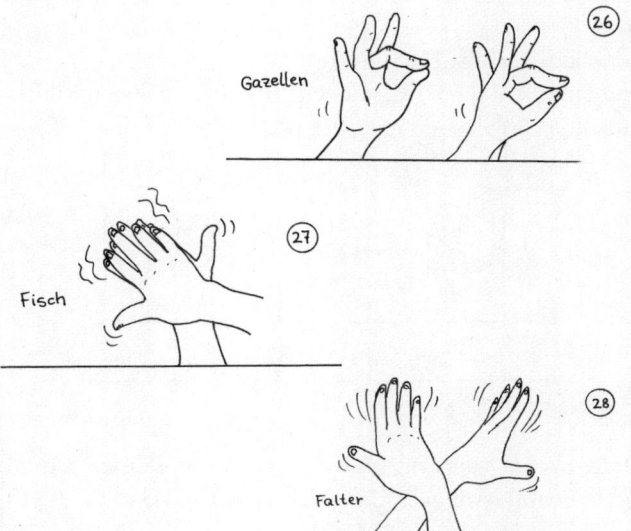

(Dann wird die Musik leiser und es steigen Seifenblasen auf. Händchen und Hand Dampf fangen sie kichernd ein.)

Mamahand *(nur Stimme)*: Händchen klein, Essen fertig!
Händchen *(ruft)*: Ich komme!
(leiser zu Hand Dampf:) Das hat Spaß gemacht mit dir!
Hand Dampf: Mit dir auch.
(Sie gehen auseinander, einer nach rechts und einer nach links.)
Händchen: Tschüs, Hand Dampf!
Hand Dampf: Tschüs, Händchen! Bis zum nächsten Mal.
Händchen: Ja, bis zum nächsten Mal.

(Beide Hände verschwinden langsam, als würden sie die Treppe hinuntersteigen, hinter der Tischkante.)

ENDE

Abschied

Alle Leut

Alle Leut, alle Leut
geh'n jetzt nach Haus.
Große Leute, kleine Leute,
dicke Leute, dünne Leute,
alle Leut', alle Leut',
geh'n jetzt nach Haus.
Sagen »Auf Wiedersehn,
es war so wunderschön!«
Alle Leut', alle Leut
geh'n jetzt nach Haus.

*Bei »alle Leut'« mit beiden Armen ›Leute einsammeln‹, bei
»geh'n« mit den Fingern in der Luft laufen und als Haus ein
Dach mit den Händen formen. Groß, klein, dick und dünn mit
den Händen zeigen.*

Atsisveikinimas

Wenn es Zeit ist, nach Hause zu gehen,
Kai laikas man namolio,
dann winken meine Händchen.
Rankelės mano moja.

Das rechte winkt, das linke auch.
Kairė štai moja, dešinė.
Sie zeigen allen ein »Auf Wiedersehen!«
Visiems pasako jos »sudie!«

Und einen Luftkuss schicke ich auch
an alle, die ich liebe!
Ir oro bučinį siunčiu
visiems visiems, kuriuos myliu.

*Litauischer Abschiedsvers. Mit den Händen winken – erst
links, dann rechts, dann mit beiden und zum Schluss einen
Luftkuss von der Hand pusten.*

Anhang

Bastelanleitungen

Für »Schlomps«

Sechs Streifen Papier zurechtschneiden und zu Ringen zusammenkleben, die auf die Fingerkuppen passen.
Schlomps- und Mompsköpfe abzeichnen oder abpausen, ausschneiden und auf die Papierringe kleben. Die Ringe auf die Kuppen von Zeige-, Mittel- und Ringfinger setzen und spielen.

Für die Kulissen werden ein Blatt blaues und ein Blatt braunes Tonpapier sowie ein Blatt Transparentpapier benötigt. Daraus werden Fluss, Fass und Fisch gebastelt. Auf ein Blatt weißes Papier den Pfau zeichnen oder durchpausen, ausschneiden und auf einen Papierring kleben.
Folgende Zeichnungen können als kleine Hilfestellung dienen. Ihren eigenen Vorstellungen sind jedoch keine Grenzen gesetzt. Vielleicht erfinden Sie ja ganz andere eigene Drachenköpfe! Auch beim Kulissenbau gibt es viele verschiedene Möglichkeiten: So könnte der Fluss auch ein blaues Tuch sein, der Fisch ein Glitzerstein, das Fass ein alter Joghurtbecher, der Pfau könnte auf die Handinnenfläche gezeichnet werden oder von einer Bommel, einem Staubwedel oder kleinen Fächer gespielt werden.

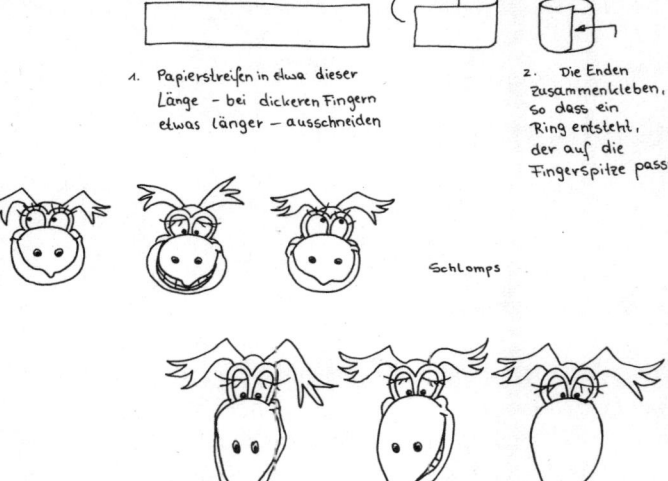

1. Papierstreifen in etwa dieser Länge – bei dickeren Fingern etwas länger – ausschneiden

2. Die Enden zusammenkleben, so dass ein Ring entsteht, der auf die Fingerspitze passt

Schlomps

Momps

3. Solche oder ähnliche Drachenköpfe zeichnen oder abpausen, ausschneiden und auf die Papierringe kleben

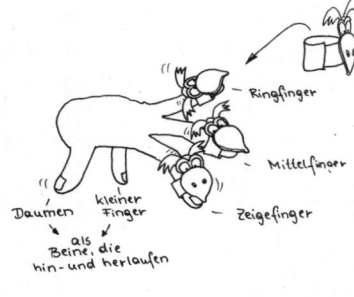

– Ringfinger

– Mittelfinger

– Zeigefinger

Daumen | kleiner Finger

als Beine, die hin- und herlaufen

4. Die fertigen Ringe mit den Drachenköpfen auf die Fingerspitzen von Zeige-, Mittel- und Ringfinger setzen

Die andere Hand wird am Ende des Gedichtes mit den Köpfen der Drachenmutter ausgestattet

Die Motive werden diesmal an der vorderseite der Finger angebracht.

Tipp:
Auf solche vorbereiteten Papierringe lassen sich auch andere Figuren für das Fingertheater kleben – z.B. die Tiere für das Fingerspiel „Tierversteck" im 2. Kapitel:

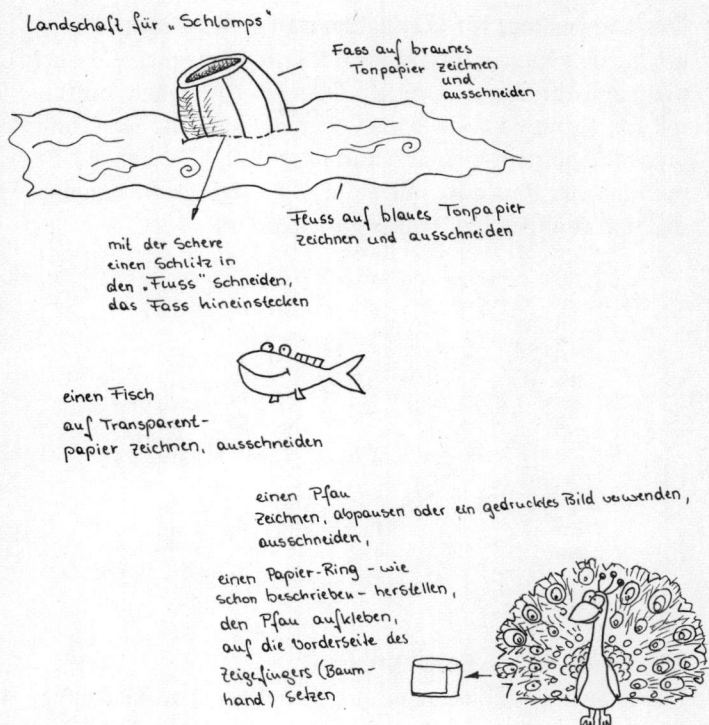

Landschaft für „Schlomps"

Fass auf braunes
Tonpapier zeichnen
und
ausschneiden

Fluss auf blaues Tonpapier
zeichnen und ausschneiden

mit der Schere
einen Schlitz in
den „Fluss" schneiden,
das Fass hineinstecken

einen Fisch
auf Transparent-
papier zeichnen, ausschneiden

einen Pfau
zeichnen, abpausen oder ein gedrucktes Bild verwenden,
ausschneiden,

einen Papier-Ring – wie
schon beschrieben – herstellen,
den Pfau aufkleben,
auf die Vorderseite des
Zeigefingers (Baum-
hand) setzen

Für »Hand in Hand im Zauberland«

Die Schatzkiste

kann ein Schuhkarton sein, der für das Spiel etwas beschwert
wird (ein paar schwere Gegenstände hineinlegen, damit der
Karton nicht verrutscht) oder eine Holzkiste, für die man mit
einem Brett und zwei Scharnieren aus dem Baumarkt einen
Deckel baut. Oder es ist ein anderer Gegenstand, der Dinge
beherbergen kann: beispielsweise ein Nähkorb, ein kleiner
Koffer oder ein Topf mit Deckel.

Der Clownskopf für Händchen und Hand Dampf
könnte eine kleine, rohe Kartoffel sein, in die man ein Loch
piekt und ein Gesicht aufmalt. Oder ein Äpfelchen. Im Bastelbedarf gibt es feste Papier-Wattekugeln, die sich dafür
eignen. Auch ein kleiner Strumpf ist möglich, der mit Pa-
pierknäueln, Reis oder Füllwatte fest ausgestopft, zugebun-
den und dann auf den Finger gesteckt wird.

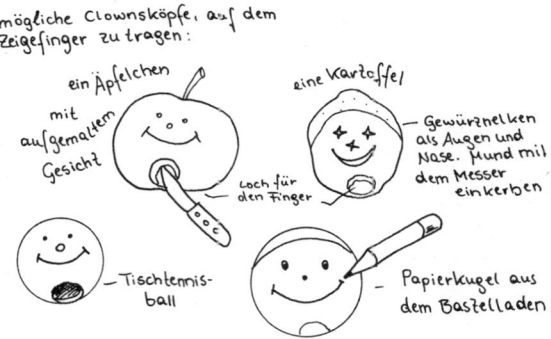

Die Augen für die Schnellredner
Entweder zwei Glasaugen aus dem Bastelbedarf nehmen
oder zwei Augen auf Papier malen und auf das Ende eines

kleinen Holzstabes kleben (beispielsweise ein etwa 1 cm langes Stück von einem hölzernen Schaschlikspieß). Das Stäbchen zwischen Mittel- und Ringfinger klemmen, so dass das Auge auf der äußeren Faust zu sehen ist.

Der wilde Hund Tingo

Man nehme ein Stück Blumenbindedraht und zwei kleine Glasperlen. Letztere werden auf dem Draht aufgefädelt und jeweils verzwirbelt, damit sie nicht verrutschen. Danach den Draht zu einem Ring zusammenfügen.

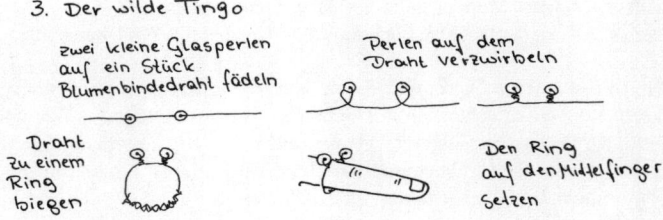

3. Der wilde Tingo

zwei kleine Glasperlen auf ein Stück Blumenbindedraht fädeln

Perlen auf dem Draht verzwirbeln

Draht zu einem Ring biegen

Den Ring auf den Mittelfinger setzen

Der Zauberer-Hut

Ein A4-Blatt Papier zu einer spitzen Tüte rollen, die Enden festkleben, den Hutsaum begradigen, eventuell bemalen. Fertig. Oder in den großen Ferien eine von den kleinen, bunten Mini-Schultüten kaufen.

Die Schuhe für den Zauberer

sind Puppenstiefelchen oder können aus Knete geformt werden.

Danke!

Für ihre freundliche und engagierte Unterstützung bei der Suche nach spannenden Fingerspielen danke ich von Herzen:
Richard Wollgarten vom Mundart- und Volkskunde-Verein Öcher Platt e.V. in Aachen – für viele Verse und für deren Übersetzung, vor allem auch für die Übersetzung des Gedichtes von Gustav Vössen: Der Streit der fünf Finger.
Edeltraut Hellmann vom Oberlin Kindergarten in Geislingen
Maria Loy, Bärbel Brüderle, Christel Scheer-Nahor und der Muettersprochgsellschaft für Verse auf Alemannisch.
Marlit Hoffmann aus Daubhausen für Verse in Mittelhessischer Mundart.
Kurt P. Gietzen, Mundartautor aus Mönchengladbach,
Neringa Kornaicukaite für die litauischen Verse und deren Übersetzung.

Einen besonderen Dank möchte ich dem Verlag Karin Kestner (www.kestner.de) aussprechen, der mir Gebärdenfotos aus »Das große Wörterbuch der Deutschen Gebärdensprache« zur Verfügung gestellt hat. Liebe Frau Kestner, vielen Dank auch für die Klärung meiner Fragen, für Erläuterungen und die Korrektur der Zeichnungen!
Olaf Fritsche danke ich für die Vermittlung. Auf seiner Internetseite www.visuelles-denken.de ist ein Schnupperkurs für Gebärdensprache zu finden.

Ein ebenso besonderes Dankeschön auch an Anke Berger für das zauberhafte Hand-Theaterstück und die Erlaubnis, es in diesem Buch zu veröffentlichen. Auf ihrer Internetseite www.theater-anke-berger.de findet sich auch ein Bild von Händchen Klein und Hand Dampf als Zauberer sowie Informationen über weitere Projekte des Theaters.

Bianca Gärtner und Heidi Gotti danke ich für ihre sehr schöne Internetseite: www.mamabianca.de und www.gottiswelt.de (hier gibt es unter »Liedgut« viel Außergewöhnliches zu entdecken). Vielen Dank, Frau Gotti, für die Erlaubnis, zwei der Verse in diesem Buch vorzustellen.
Dank auch den Organisatoren der folgenden beiden überreichen Fundgruben: www.buchstart-hamburg.de (unter »Für zu Hause«/ »Kinderreime international«) und www.sagen.at (unter »Kinderreime und Fingerspiele)